中华人民共和国行业推荐性标准

公路机电工程测试规程

Test Methods of Electrical and Mechanical Engineering for Highway

JTG/T 3520—2021

主编单位：交通运输部公路科学研究院
批准部门：中华人民共和国交通运输部
实施日期：2022 年 03 月 01 日

人民交通出版社股份有限公司
北　京

律师声明

本书所有文字、数据、图像、版式设计、插图等均受中华人民共和国宪法和著作权法保护。未经人民交通出版社股份有限公司同意,任何单位、组织、个人不得以任何方式对本作品进行全部或局部的复制、转载、出版或变相出版。

本书扉页前加印有人民交通出版社股份有限公司专用防伪纸。任何侵犯本书权益的行为,人民交通出版社股份有限公司将依法追究其法律责任。

有奖举报电话:(010)85285150

北京市星河律师事务所
2020 年 6 月 30 日

图书在版编目(CIP)数据

公路机电工程测试规程:JTG/T 3520—2021 / 交通运输部公路科学研究院主编. — 北京:人民交通出版社股份有限公司,2021.12

ISBN 978-7-114-17414-8

Ⅰ.①公… Ⅱ.①交… Ⅲ.①道路工程—机电工程—测试技术—规程—中国 Ⅳ.①U415.1-65

中国版本图书馆 CIP 数据核字(2021)第 117998 号

标准类型:中华人民共和国行业推荐性标准
标准名称:公路机电工程测试规程
标准编号:JTG/T 3520—2021
主编单位:交通运输部公路科学研究院
责任编辑:丁 遥
责任校对:孙国靖 魏佳宁
责任印制:刘高彤
出版发行:人民交通出版社股份有限公司
地 址:(100011)北京市朝阳区安定门外外馆斜街 3 号
网 址:http://www.ccpcl.com.cn
销售电话:(010) 59757973
总 经 销:人民交通出版社股份有限公司发行部
经 销:各地新华书店
印 刷:北京市密东印刷有限公司
开 本:880×1230 1/16
印 张:7.25
字 数:170 千
版 次:2021 年 12 月 第 1 版
印 次:2022 年 4 月 第 2 次印刷
书 号:ISBN 978-7-114-17414-8
定 价:60.00 元

(有印刷、装订质量问题的图书由本公司负责调换)

中华人民共和国交通运输部

公 告

第 70 号

交通运输部关于发布
《公路机电工程测试规程》的公告

现发布《公路机电工程测试规程》(JTG/T 3520—2021)，作为公路工程行业推荐性标准，自 2022 年 3 月 1 日起施行。

《公路机电工程测试规程》(JTG/T 3520—2021) 的管理权和解释权归交通运输部，日常解释和管理工作由主编单位交通运输部公路科学研究院负责。

请各有关单位注意在实践中总结经验，及时将发现的问题和修改建议函告交通运输部公路科学研究院（地址：北京市西土城路 8 号，邮政编码：100088），以便修订时研用。

特此公告。

中华人民共和国交通运输部
2021 年 11 月 29 日

交通运输部办公厅　　　　　　　　　　　　　　　　2021 年 11 月 30 日印发

前　言

根据交通运输部《关于下达 2014 年度公路工程行业标准制修订项目计划的通知》（厅公路字〔2014〕87 号）的要求，由交通运输部公路科学研究院承担《公路机电工程测试规程》（以下简称"本规程"）的制定工作。

本规程是为适应我国公路机电工程建设和运营管理需要制定的，总结了多年来公路机电工程测试的成熟经验，借鉴了其他行业的相关标准和技术成果，对于指导公路机电工程质量检验和养护技术状况评定工作，规范机电工程测试方法具有重要意义。

本规程共分 9 章，包括：总则、术语与缩略语、通用测试、监控设施测试、通信设施测试、收费设施测试、供配电设施测试、照明设施测试、隧道机电设施测试。本规程共包含 54 项测试方法，对各方法适用范围、仪器设备、测试方法、测试要求、计算、测试结果等内容做了规定。

本规程由朱传征、张智勇负责起草第 1 章和第 2 章，朱传征、陈建、崔晗晶负责起草第 3 章，刘玉新、于江浩负责起草第 4 章，王磊、李洪琴负责起草第 5 章，储诚赞、王磊负责起草第 6 章，陈建负责起草第 7 章，杨勇、苏鹤俊负责起草第 8 章，涂耘、杨勇、李剑平负责起草第 9 章。

请各有关单位在执行过程中，将发现的问题和意见函告本规程日常管理组，联系人：朱传征（地址：北京市海淀区西土城路 8 号，交通运输部公路科学研究院，邮政编码：100088；电话：010-62077337，传真：010-62079556；电子邮箱：cz.zhu@rioh.cn），以便修订时参考。

主　编　单　位：交通运输部公路科学研究院
参　编　单　位：中路高科交通检测检验认证有限公司
　　　　　　　　云南省交通运输厅工程质量监督局
　　　　　　　　陕西省交通运输工程质量监测鉴定站
　　　　　　　　招商局重庆交通科研设计院有限公司

主　　　　编：朱传征
主要参编人员：张智勇　王　磊　刘玉新　杨　勇　陈　建　崔晗晶
　　　　　　　于江浩　李洪琴　储诚赞　苏鹤俊　李剑平　涂　耘

主　　　审：王　辉

参与审查人员：张慧彧　刘　硕　陈　冉　桂志敬　李春风　杨晓东
　　　　　　　　邹小春　顾新民　许宏科　梁家林　盛　刚　于艳波
　　　　　　　　冯俊杰　杨金铨　周　峰　谷乾龙　张建超　刘鸿伟

参 加 人 员：方正鹏　孙　岳　李　伟　夏　堃　田晓辰

目　次

1 总则 ……………………………………………………………………………………………… 1
2 术语与缩略语 …………………………………………………………………………………… 2
　2.1　术语 ……………………………………………………………………………………… 2
　2.2　缩略语 …………………………………………………………………………………… 2
3 通用测试 ………………………………………………………………………………………… 4
　T 8001—2021　接地电阻测试 …………………………………………………………… 4
　T 8002—2021　绝缘电阻测试 …………………………………………………………… 5
　T 8003—2021　对称双绞电缆布线系统电气测试 ……………………………………… 7
　T 8004—2021　IP包丢失率测试 ………………………………………………………… 9
　T 8005—2021　IP网络吞吐量测试 ……………………………………………………… 12
　T 8006—2021　IP包传输时延测试 ……………………………………………………… 13
　T 8007—2021　IP网络链路层健康状况测试 …………………………………………… 15
　T 8008—2021　平均亮度及色度测试 …………………………………………………… 16
4 监控设施测试 …………………………………………………………………………………… 19
　T 8101—2021　车流量相对误差测试 …………………………………………………… 19
　T 8102—2021　车速相对误差测试 ……………………………………………………… 20
　T 8103—2021　温度、相对湿度误差测试 ……………………………………………… 22
　T 8104—2021　模拟视频传输通道测试 ………………………………………………… 23
　T 8105—2021　数字视频传输通道测试 ………………………………………………… 26
　T 8106—2021　视频交通事件有效检测范围测试 ……………………………………… 29
　T 8107—2021　视频交通事件检测率测试 ……………………………………………… 31
　T 8108—2021　大屏幕显示屏亮度及亮度不均匀度测试 ……………………………… 33
　T 8109—2021　监控系统软件基本功能测试 …………………………………………… 35
5 通信设施测试 …………………………………………………………………………………… 37
　T 8201—2021　光纤链路接头损耗及总损耗测试(后向散射法) ……………………… 37
　T 8202—2021　光纤链路总损耗测试(插入损耗法) …………………………………… 39
　T 8203—2021　光纤传输系统接收光功率测试 ………………………………………… 40
　T 8204—2021　光纤传输系统平均发送光功率测试 …………………………………… 42
　T 8205—2021　SDH光纤传输系统误码测试 …………………………………………… 43
　T 8206—2021　光纤传输系统光接收灵敏度测试 ……………………………………… 45

T 8207—2021	SDH 光纤传输系统电接口允许比特容差测试	48
T 8208—2021	SDH 光纤传输系统输入抖动容限测试	49
T 8209—2021	SDH 光纤传输系统输出抖动测试	51
T 8210—2021	SDH 光纤传输系统2M 支路口漂移测试	52
T 8211—2021	自动保护倒换功能测试	53
T 8212—2021	WDM 光纤传输系统中心波长、中心频率偏移测试	55
T 8213—2021	WDM 光纤传输系统业务通道光信号功率测试	57
T 8214—2021	WDM 光纤传输系统业务通道光信噪比测试	58
T 8215—2021	WDM 光纤传输系统 -20dB 带宽测试	58
T 8216—2021	WDM 光纤传输系统通道插入损耗测试	59
T 8217—2021	WDM 光纤传输系统相邻通道隔离度测试	62
T 8218—2021	固定电话交换系统局内障碍率、接通率测试	64
T 8219—2021	通信电源直流输出端电话衡重杂音电压测试	66
T 8220—2021	通信电源直流输出端频带内峰-峰值杂音电压测试	67

6 收费设施测试 · · · · · · · · · 70

T 8301—2021	车道软件处理流程及基本功能测试	70
T 8302—2021	收费站软件基本功能测试	72
T 8303—2021	收费(分)中心软件基本功能测试	74
T 8304—2021	车牌识别准确率测试	75
T 8305—2021	ETC 收费车道路侧单元(RSU)通信区域测试	76
T 8306—2021	ETC 收费车道跟车干扰交易流程测试	79
T 8307—2021	ETC 系统路侧单元(RSU)工作信号强度测试	80
T 8308—2021	ETC 系统路侧单元(RSU)工作频率及频率容限测试	81
T 8309—2021	ETC 系统路侧单元(RSU)通信流程测试	83

7 供配电设施测试 · · · · · · · · · 85

| T 8401—2021 | 电能质量测试 | 85 |

8 照明设施测试 · · · · · · · · · 88

T 8501—2021	路面照度测试	88
T 8502—2021	路面亮度测试	91
T 8503—2021	广场路面照度测试	94

9 隧道机电设施测试 · · · · · · · · · 97

T 8601—2021	隧道断面平均风速测试	97
T 8602—2021	隧道路面亮度测试	100
T 8603—2021	路墙亮度比测试	104
T 8604—2021	火灾报警系统自动报警响应时间测试	106

本规程用词用语说明 · · · · · · · · · 108

1 总　　则

1.0.1 为规范公路机电工程测试方法,制定本规程。

1.0.2 本规程适用于公路机电工程建设和运营管理各阶段的现场测试。

1.0.3 本规程使用的仪器设备应经相应的计量部门定期计量检定或计量校准,其计量性能应满足本规程的要求。当使用与本规程规定不同的仪器设备时,其技术指标应满足或优于本规程的要求。

1.0.4 测试前应确认被测机电设施具备测试条件,测试仪器设备处于正常工作状态。

条文说明

机电工程测试参数一般反映的是系统的整体性能或关键性能指标,测试前被测机电设施的状态需满足机电系统建设或运营管理需求以及开展测试的目的和需求,具备测试条件通常指被测系统及设施安装调试完成或处于正常养护中。在高海拔、高寒等地区测试前,需要考虑环境因素对测试仪器设备正常工作状态的影响,必要时按照使用说明对测试结果进行修正。

1.0.5 测试时应遵守安全操作的规定。

1.0.6 测试后应及时将被测机电设施恢复至测试前状态,确认测试仪器设备状态正常。

1.0.7 公路机电工程测试,除应符合本规程的规定外,尚应符合国家和行业现行有关强制性标准的规定。

2 术语与缩略语

2.1 术　　语

2.1.1 交通事件　traffic incident

在道路上发生的,影响车辆通行及交通安全的异常交通状况及行为,主要指停止、逆行、行人、抛撒物、驶离等典型事件。

2.2 缩　略　语

ASI(Asynchronous Serial Interface)——异步串行接口;
BBE(Background Block Error)——背景误块;
BBER(Background Block Error Ratio)——背景误块比;
BER(Bit Error Ratio)——误码率;
CPC(Compound Pass Card)——复合通行卡;
DST(Destination Host)——目的主机;
ES(Errored Second)——误块秒;
ESR(Errored Second Ratio)——误块秒比;
ETC(Electronic Toll Collection)——电子(不停车)收费;
HDB3(High Density Bipolar of Order 3 Code)——三阶高密度双极性码;
HDMI(High Definition Multimedia Interface)——高清多媒体接口;
IP(Internet Protocol)——互联网协议;
LED(Light Emitting Diode)——发光二极管;
MTC(Manual Toll Collection)——人工收费;
MTIE(Maximum Time Interval Error)——最大时间间隔误差;
OBU(On Board Unit)——车载单元;
OCh(Optical Channel with Full Functionality)——全功能光通路;
OSNR(Optical Signal to Noise Ratio)——光信噪比;
OTDR(Optical Time Domain Reflectometer)——光时域反射仪;
PDH(Plesiochronous Digital Hierarchy)——准同步数字体系;
RSU(Roadside Unit)——路侧单元;
SDH(Synchronous Digital Hierarchy)——同步数字体系;

SDI(Serial Digital Interface)——串行数字接口;
SES(Severely Errored Second)——严重误块秒;
SESR(Severely Errored Second Ratio)——严重误块秒比;
SNMP(Simple Network Management Protocol)——简单网络管理协议;
STM(Synchronous Transport Module)——同步传送模块;
SRC(Source Host)——源主机;
TIE(Time Interval Error)——时间间隔误差;
WDM(Wavelength Division Multiplexing)——波分复用。

3 通用测试

T 8001—2021 接地电阻测试

1 适用范围

1.0.1 本方法适用于公路机电工程外场设施接地电阻的测试。

条文说明

公路机电工程外场设施接地通常指设置在公路沿线的机电设施的接地装置，不包括建筑物接地装置。

2 仪器设备

2.0.1 数字式接地电阻表或模拟式接地电阻表：准确度不应低于现行《接地电阻表检定规程》(JJG 366)规定的3级。

3 测试方法

3.0.1 测试前应确认试验引线的绝缘未损坏或龟裂，接地棒表面清洁。

3.0.2 测试前应对仪器设备调零，设置补偿电阻等相关参数。

3.0.3 应按仪器设备的使用要求，从被测接地极向外，依次将电位极接地棒和电流极接地棒插入土壤，用试验引线将接地电阻表测试端口可靠连接至相应的被测接地极、电位极和电流极。

3.0.4 采用模拟式接地电阻表时，应选择合适的量程，使手摇发电机摇柄转速达到规定值，调整测量盘使检流计指零，读取测试值并记录；采用数字式接地电阻表时，应选择合适的量程，启动测试，读取测试值并记录。

4 测试要求

4.0.1 不宜在雷暴、雨、雪等天气条件下进行测试。

4.0.2 接地棒宜按铅垂方向插入土壤，在多岩石的土壤，可将接地棒倾斜插入。

条文说明

倾斜插入的接地棒可避开土壤中石头的顶部。

4.0.3 接地棒插入土壤时，应挤实四周土壤。

4.0.4 电流极、电位极和被测接地极之间的距离应符合接地电阻表的使用要求。

4.0.5 测试过程中应避免测试人员接触试验引线和接地极，并采取措施隔离电流极附近区域。

条文说明

测试时隔离电流极附近区域是为防止人员停留或走近电流极。

5 测试结果

5.0.1 测试结果为接地电阻表的测试值，单位为 Ω。测试结果 $\geq 1\Omega$ 时，测试结果数值修约间隔为 0.1；测试结果 $< 1\Omega$ 时，测试结果数值修约间隔为 0.01。

T 8002—2021 绝缘电阻测试

1 适用范围

1.0.1 本方法适用于公路机电设备电气系统，有金属护套、屏蔽层或铠装的电缆等设施绝缘电阻的测试。

2 仪器设备

2.0.1 电子式绝缘电阻表：准确度不应低于现行《电子式绝缘电阻表检定规程》(JJG 1005)规定的 5 级；额定测量电压应满足测试要求。

3 测试方法

3.1 机电设备电气系统绝缘电阻测试

3.1.1 测试前应做下列准备工作：

1 断开机电设备电气系统的外部供电电路。
2 断开机电设备电气系统与保护接地电路的连接。
3 断开机电设备电气系统的浪涌保护器件。

3.1.2 应按绝缘电阻表的使用要求,将接地端子 E 连接机电设备的保护接地,将测量线路端子 L 连接机电设备的电源输入端子。

3.1.3 在测量线路端子 L 与接地端子 E 间施加规定等级的测试电压,应在示数稳定后读取绝缘电阻值。若绝缘电阻测试时示数不稳定,应施加测试电压 60s,读取测试过程中绝缘电阻的最小测试值并记录。

3.2 电缆绝缘电阻测试

3.2.1 测试前应做下列准备工作:
1 断开被测电缆与供电系统及用电设施的连接。
2 对被测电缆进行充分放电。
3 确认被测电缆露出的绝缘表面干燥和洁净。

3.2.2 测试单芯电缆时,应按绝缘电阻表的使用要求,将接地端子 E 连接金属护套或屏蔽层或铠装层,将测量线路端子 L 连接电缆导体;测试多芯电缆时,应分别测试每一线芯,按绝缘电阻表的使用要求,将测量线路端子 L 连接被测线芯,将接地端子 E 分别连接其余线芯与金属护套或屏蔽层或铠装层。

3.2.3 应在测量线路端子 L 与接地端子 E 间施加规定等级的测试电压,在示值稳定后读取绝缘电阻测试值并记录。

4 测试要求

4.0.1 机电设备电气系统宜进行整体绝缘电阻测试,现场不便进行时,可按多个单独部件分别进行测试。

条文说明

整体绝缘电阻测试:如车道控制机的绝缘电阻,将电动栏杆、车道摄像机、费额显示器等单独部件连接到车道控制机进行整体绝缘电阻测试。

4.0.2 电缆绝缘电阻测试时,可在电缆的绝缘表面上加保护环。保护环应紧贴绝缘表面,并与绝缘电阻表的 G 端连接。

5 计算

5.0.1 机电设备电气系统绝缘电阻测试结果应按下列规定计算：

1 对机电设备电气系统的整体进行绝缘电阻测试时，测试结果为绝缘电阻表的测试值。

2 机电设备电气系统由多个单独部件组成时，绝缘电阻测试可在单独部件上进行，各单独部件测得的绝缘电阻按并联电阻计算得到测试结果。

5.0.2 电缆绝缘电阻测试结果应按式（T 8002-1）计算：

$$R_L = R_X \cdot L \qquad (T\ 8002\text{-}1)$$

式中：R_L——被测电缆绝缘电阻（MΩ·km）；
R_X——现场测试的绝缘电阻值（MΩ）；
L——被测电缆测量长度（km）。

6 测试结果

6.0.1 机电设备电气系统绝缘电阻测试结果的单位为 MΩ，电缆绝缘电阻测试结果的单位为 MΩ·km，测试结果数值修约间隔为 1。

6.0.2 当绝缘电阻表显示超量程时，测试结果应表达为：≥最大量程值。

条文说明

如某绝缘电阻表最大量程为 550MΩ，超量程时结果应表达为：≥550MΩ。

T 8003—2021　对称双绞电缆布线系统电气测试

1 适用范围

1.0.1 本方法适用于测试对称双绞电缆布线系统的电气性能指标。

2 仪器设备

2.0.1 网络线缆分析仪：应能测试相应布线等级的各种电气性能及传输特性；可自动测试 5 类以下（C 级布线）、5 类/5E 类（D 级布线）、6 类（E 级布线）等对称双绞电缆布线系统的电气性能指标，并根据设置的测试限值进行结果判定。计量性能应满足下列要求：

1 直流环路阻抗测量范围：0~50Ω；最大允许误差：±（1% 读数 +1Ω）。

2 传播时延测量范围：0~500ns；最大允许误差：±（4% 读数 +5ns）（在 10MHz）。

3 插入损耗频率范围：1~250MHz；测量范围：0~40dB；最大允许误差：±1.2dB（在

100MHz)/±1.9dB(在250MHz)。

4 近端串扰频率范围:1~250MHz;测量范围:20~70dB;最大允许误差:±1.8dB(在100MHz)/±2.8dB(在250MHz)。

5 等效远端串扰频率范围:1~250MHz;测量范围:10~60dB;最大允许误差:±1.8dB(在100MHz)/±3.1dB(在250MHz)。

6 回波损耗测量范围:8~26dB;最大允许误差:±2.8dB(在100MHz)/±2.5dB(在250MHz)。

7 长度测量范围:0~100m;最大允许误差:±(4%读数+1m)。

条文说明

网络线缆分析仪通常也称为网络认证测试仪。目前的测试仪表通常为自动测试,将测试指标限值输入测试仪表,实现自动测试和结果判定功能。网络线缆分析仪的计量性能要求参考《网络线缆分析仪校准规范》(JJF 1494)。

3 测试方法

3.0.1 应根据测试需求选择永久链路测试或信道测试,无要求时宜选择信道测试。

条文说明

各等级的布线系统可以按永久链路和信道进行测试,永久链路性能测试连接模型包括水平电缆及相关连接器件,信道性能测试连接模型是在永久链路基础上包括工作区和电信区的设备电缆和跳线。永久链路测试和信道测试的示意图参考《综合布线系统工程验收规范》(GB/T 50312—2016)附录B。在公路机电系统中,工作区电缆一般属于工程建设范围,因此无要求时优先选择信道测试。

3.0.2 应根据测试链路的形式连接网络线缆分析仪。

3.0.3 应设置网络线缆分析仪的测试参数与被测试链路保持一致,包括线缆类型或布线等级、测试标准、额定传输速率等。

3.0.4 应根据测试要求选择测试指标:接线图、长度、回波损耗、插入损耗、近端串音、近端串音功率和、衰减远端串音比、衰减远端串音比功率和、衰减近端串音比、衰减近端串音比功率和、环路电阻、时延、时延偏差等,启动自动测试。

3.0.5 测试结束后,读取不同线对的测试指标测试值及对应的频率点并记录。

4 测试要求

4.0.1 信道测试应包含网络设备之间整个连接,包括总长度不大于 90 m 的水平缆线和集合点缆线,以及总长度不大于 10m 的工作区终端设备电缆、配线设备连接跳线和配线设备到设备连接电缆。

4.0.2 永久链路不应包含信息插座至工作区终端设备之间和配线设备至设备之间的连接电缆,测试应使用网络线缆测试仪提供的专用测试缆线。

5 测试结果

5.0.1 应以测试仪表的输出结果(通过或失败)作为测试结果。

5.0.2 若需要详细报告每个测试指标的具体测试值,可选择"最差数值"或"最差容限"测试值及对应频率点进行结果表达。

T 8004—2021 IP 包丢失率测试

1 适用范围

1.0.1 本方法适用于基于 IP 网络技术的数据传输链路的 IP 包丢失率测试。

条文说明

随着 IP 网络传输技术的普及,公路机电工程信息数据传输多以 IP 为主要传输方式,因此以 IP 包丢失率来评价数据传输性能。

2 仪器设备

2.0.1 IP 网络性能测试仪应满足下列要求:

1 应支持 10M/100M/1 000M 以太网接口上的 100% 线速流量产生和流量统计功能。
2 应具备网络流量仿真功能,能够指定数据包的内容、数据包长度和所产生流量的大小。
3 应具备网络流量监听功能,能够对网络利用率、单播帧、广播帧、多播帧、碰撞、各种类型错误帧进行统计。
4 应具备 RFC2544 网络性能测试功能。
5 应具备从网络设备上获取 SNMP 数据的功能。
6 应具备测试结果分析功能。

条文说明

IP 网络性能测试仪是用于对 IP 数据网络及其相关设备的性能参数进行测试的仪表,可以模拟网络终端产生流量,进行网络性能测试,对网络状态进行实时监测、分析和统计结果。IP 网络性能测试仪的计量性能要求参考《数据网络性能测试仪校准规范》(JJF 1534)。

3 测试方法

3.0.1 测试传输网络段时,测试链路宜选择传输网络设备之间的 IP 网络链路,如图 T 8004-1 所示;测试其他数据链路时,测试链路应选择用户到用户的 IP 网络链路,如图 T 8004-2 所示。

图 T 8004-1 传输网络段测试链路示意图

图 T 8004-2 用户到用户测试链路示意图

3.0.2 测试参数和业务特征设置应符合下列规定:
1 应设置 IP 网络性能测试仪的 SRC 端和 DST 端的地址。
2 应按被测链路业务特征设置仪器设备相关参数。
3 测试数据包(帧)长值应至少包括:64 字节、128 字节、256 字节、512 字节、1 024 字节、1 280 字节、1 518 字节。
4 时延门限应为 1s。
5 应根据要求设置测试流量负荷,无要求时可为 70%。
6 测试的持续时间不应小于 1min。

条文说明

3 IP 包丢失率测试中,测试数据包(帧)长是一个重要的参数,在测试中可以根据实际需要进行配置。考虑到传输链路的通用特性,测试中仍然要发送各种不同包(帧)长的测试数据包,以充分测试网络的性能。

3.0.3 应将 IP 网络性能测试仪分别接入被测网络链路的 SRC 端和 DST 端,从 SRC 端的测试仪按设置的帧速率和测试数据包(帧)长,向被测网络链路发送数据包;在测试持续时间内,若 IP 包的时延大于门限值,则其 IP 包丢失结果计为 1,统计 IP 包丢失结果为 1 的出现次数;达到测试持续时间时,停止单次测试。

条文说明

数据包的丢失是指数据包在传输过程中被丢弃或传输时延大于规定的超时值。可以在 SRC 端将双向传输时延的超时值设为相应的时延门限,则往返测试包的时延大于门限值即视为丢失。

3.0.4 应按不同的测试数据包(帧)长重复本方法 3.0.3 的规定。

4 测试要求

4.0.1 应确认连接 IP 网络性能测试仪的线缆性能满足网络传输速率要求。

5 计算

5.0.1 应按不同的测试数据包(帧)长统计单次测试中 IP 包丢失结果为 1 的出现次数。

5.0.2 IP 包丢失率测试结果应按式(T 8004-1)计算:

$$LR = \frac{LOSS}{N} \times 100\% \qquad (\text{T 8004-1})$$

式中:LR——IP 包丢失率;

$LOSS$——相应包(帧)长值条件下 IP 包的包丢失数;

N——相应包(帧)长值条件下 IP 包的总发送数。

6 测试结果

6.0.1 测试结果为 IP 包丢失率的计算结果,应按测试数据包的不同包(帧)长值分别表达,测试结果用百分数表示,测试结果数值修约间隔为 0.01。

T 8005—2021 IP 网络吞吐量测试

1 适用范围

1.0.1 本方法适用于基于 IP 网络技术的数据传输链路的网络吞吐量测试。

条文说明

吞吐量是空载 IP 网络在没有丢包的情况下，被测网络链路所能达到的最大数据包转发速率，等于一个特定时间间隔内在被测试链路上观测到的所有成功 IP 包数量与该时间间隔之比。

2 仪器设备

2.0.1 IP 网络性能测试仪应满足下列要求：
1 应支持 10M/100M/1 000M 以太网接口上的 100% 线速流量产生和流量统计功能。
2 应具备网络流量仿真功能，能够指定数据包的内容、数据包长度和所产生流量的大小。
3 应具备网络流量监听功能，能够对网络利用率、单播帧、广播帧、多播帧、碰撞、各种类型错误帧进行统计。
4 应具备 RFC2544 网络性能测试功能。
5 应具备从网络设备上获取 SNMP 数据的功能。
6 应具备测试结果分析功能。

3 测试方法

3.0.1 测试传输网络段时，测试链路宜选择传输网络设备之间的 IP 网络链路；测试其他数据链路时，测试链路应选择用户到用户的 IP 网络链路。

3.0.2 测试参数和业务特征设置应符合下列规定：
1 应设置 IP 网络性能测试仪的 SRC 端和 DST 端的地址。
2 应按被测链路业务特征设置仪器设备相关参数。
3 测试数据包(帧)长值应至少包括：64 字节、128 字节、256 字节、512 字节、1 024 字节、1 280 字节、1 518 字节。

条文说明

3 吞吐量测试需要按照不同的数据包(帧)长值分别进行测试，不同长度的数据包，相应的吞吐量也不同。

3.0.3 应将 IP 网络性能测试仪分别接入被测网络链路的 SRC 端和 DST 端,从 SRC 端的测试仪按一定的帧速率,向被测网络链路发送数据包;若所有数据包均被 DST 端的测试仪正确接收到,则应增加发送的帧速率,否则减少发送的帧速率;重复上述步骤,直到测出被测网络链路在未丢包的情况下能够处理的最大帧速率,读取该速率并记录。

3.0.4 应按不同的测试数据包(帧)长重复本方法 3.0.3 的规定。

4 测试要求

4.0.1 测试链路应在空载状态。

4.0.2 应确认连接 IP 网络性能测试仪的线缆性能满足网络传输速率要求。

5 测试结果

5.0.1 测试结果为测试中在未丢包的情况下能够处理的最大帧速率。

5.0.2 测试结果应按测试数据包的不同包(帧)长值分别表达,单位为帧/s。

T 8006—2021 IP 包传输时延测试

1 适用范围

1.0.1 本方法适用于基于 IP 网络技术的数据传输链路的 IP 包传输时延测试。

2 仪器设备

2.0.1 IP 网络性能测试仪应满足下列要求:
1　应支持 10M/100M/1 000M 以太网接口上的 100% 线速流量产生和流量统计功能。
2　应具备网络流量仿真功能,能够指定数据包的内容、数据包长度和所产生流量的大小。
3　应具备网络流量监听功能,能够对网络利用率、单播帧、广播帧、多播帧、碰撞、各种类型错误帧进行统计。
4　应具备 RFC2544 网络性能测试功能。
5　应具备从网络设备上获取 SNMP 数据的功能。
6　应具备测试结果分析功能。

3 测试方法

3.0.1 测试传输网络段时,测试链路宜选择传输网络设备之间的 IP 网络链路;测试其他数据链路时,测试链路应选择用户到用户的 IP 网络链路。

3.0.2 测试参数和业务特征设置应符合下列规定:
1. 应设置 IP 网络性能测试仪的 SRC 端和 DST 端的地址。
2. 应按被测链路业务特征设置仪器设备相关参数。
3. 测试数据包(帧)长值应至少包括:64 字节、128 字节、256 字节、512 字节、1 024 字节、1 280 字节、1 518 字节。

条文说明

IP 包传输时延是数据包穿过一个传输链路所经历的时间。在时延的测试中,包(帧)长是一个重要的参数。一般情况下,数据包越长则时延越大,但网络设备(如路由器)对不同包长的 IP 包的处理能力通常是不同的,因此时延并不是随着包长的变化而线性变化的。

3.0.3 应将 IP 网络性能测试仪分别接入被测网络链路的 SRC 端和 DST 端,从 SRC 端的测试仪按最大吞吐量,向被测网络链路发送数据包;通过计算 SRC 端测试数据包的发送时间和收到 DST 端回送的测试数据包的接收时间之差得到时延。

3.0.4 应按不同的测试数据包(帧)长重复本方法 3.0.3 的规定。

4 测试要求

4.0.1 应确认连接 IP 网络性能测试仪的线缆性能满足网络传输速率要求。

4.0.2 测试中,网络链路发送数据包不应超出吞吐量范围。

4.0.3 不同测试数据包(帧)长条件下,传输时延均应进行不少于 20 次单次测试。

5 计算

5.0.1 IP 包传输时延测试结果应按式(T 8006-1)计算:

$$IPTD = \sum_{i=1}^{N} \frac{D_{1i}}{N} \qquad (\text{T 8006-1})$$

式中:$IPTD$——IP 包传输时延(μs 或 ms);

D_{li}——相应包(帧)长条件下的 IP 包的单次传输时延(μs 或 ms);

N——相应包(帧)长条件下的 IP 包传输时延测试总次数。

6 测试结果

6.0.1 测试结果为 IP 包传输时延的计算结果,应按测试数据包的不同包(帧)长值分别表达,单位为 μs 或 ms。

6.0.2 根据测试需求,测试结果可为 IP 包单向时延或往返时延。

T 8007—2021 IP 网络链路层健康状况测试

1 适用范围

1.0.1 本方法适用于 IP 网络链路层健康状况测试,包括链路利用率、错误帧率、广播帧、组播帧、冲突率等健康状况指标。

条文说明

链路利用率是指网络链路上实际传送的数据吞吐量与该链路所能支持的最大物理带宽之比。链路利用率包括最大利用率和平均利用率,通常以链路的持续平均利用率来评价网络健康状况。错误帧率是指网络中所产生的各类错误帧占总数据帧的比率,常见的以太网错误帧类型包括长帧、短帧、有 FCS(帧校验序列)错误的帧、超长错误帧、欠长帧和帧对齐差错帧等。冲突率是指冲突帧数与发送的总帧数之比,也称为碰撞率。网络中过多的冲突会造成网络传输效率的严重下降,因此冲突率也是评价网络健康状况的重要指标。

2 仪器设备

2.0.1 IP 网络性能测试仪应满足下列要求:

1 应支持 10M/100M/1 000M 以太网接口上的 100% 线速流量产生和流量统计功能。

2 应具备网络流量仿真功能,能够指定数据包的内容、数据包长度和所产生流量的大小。

3 应具备网络流量监听功能,能够对网络利用率、单播帧、广播帧、多播帧、碰撞、各种类型错误帧进行统计。

4 应具备 RFC2544 网络性能测试功能。

5 应具备从网络设备上获取 SNMP 数据的功能。

6 应具备测试结果分析功能。

3 测试方法

3.0.1 测试点宜选择被测 IP 网络的空闲端口。

3.0.2 测试参数和业务特征设置应符合下列规定：
1 应设置 IP 网络性能测试仪的地址。
2 应按被测 IP 网络链路业务特征设置仪器设备相关参数。
3 测试的持续时间不应小于 5min。

3.0.3 应将 IP 网络性能测试仪接入被测 IP 网络，在测试持续时间内，对被测网络进行流量监测，统计分析网络链路利用率、错误帧率、广播帧、组播帧、冲突率等测试结果；达到测试持续时间时，停止测试，读取测试值并记录。

4 测试要求

4.0.1 应确认连接 IP 网络性能测试仪的线缆性能满足网络传输速率要求。

4.0.2 进行冲突率和错误帧率测试时，应在至少有 30% 的流量下进行；若未达到该流量，应人为加载一定的背景流量。

5 测试结果

5.0.1 网络链路利用率、错误帧率和冲突率的测试结果用百分数表示，广播帧和组播帧的测试结果单位为帧/s，测试结果数值修约间隔为 1。

T 8008—2021 平均亮度及色度测试

1 适用范围

1.0.1 本方法适用于可变信息标志、可变限速标志、交通信号灯、车道控制标志等设施的发光面平均亮度及发光单元色度的测试。

2 仪器设备

2.0.1 彩色亮度计：计量性能应满足现行《亮度计检定规程》(JJG 211) 规定的一级要求；应采用望远镜头；最小视角应不大于 0.1°。

3 测试方法

3.0.1 应按下列原则选择亮度计测试位置、方向和视角：
1 在亮度计选择最小视角条件下，其测量视场范围不应超出被测发光区域。

2 亮度计测试位置宜选择距离被测设备发光面正前方 50～100m 的地点；无法满足最小测试距离时，宜升高测试位置，使亮度计测试光轴接近被测设备发光轴线。
   3 在亮度计的测量视场范围不超出被测发光区域条件下，亮度计宜选择相对较大视角。

条文说明

当测试光轴与被测设备发光面光轴重合时，测试结果最准确，但工程现场被测设备发光面通常悬挂距离地面 5.5m 以上，为提高测试效率并减少测试误差，采用适当延长测试距离或升高测试位置的方式，使测试光轴尽量接近被测设备发光轴线。

3.0.2 开启亮度计并完成预热及自校准操作。

3.0.3 设置被测设备显示颜色及亮度等级。

3.0.4 开始测试，应重复测试同一被测发光区域 3 次，读取亮度测试值和色品坐标测试值并记录，同时记录被测设备显示颜色及亮度等级。

3.0.5 应根据测试需要，重复本方法 3.0.3 和 3.0.4 的规定。

条文说明

根据测试需要，测试被测设备的不同显示颜色和亮度等级。

4 测试要求

4.0.1 不宜在有视程障碍现象的天气条件下进行测试。

条文说明

参考《地面气象观测规范 天气现象》(GB/T 35224—2017)，视程障碍现象是指影响气象能见度且其强度与气象能见度直接相关的天气现象，如雾、沙尘、霾等。

4.0.2 测试环境可被自然光干扰时，宜选择在夜间进行测试。

4.0.3 测试无固定图案显示屏时，应确认被测发光面可调整至单色发光和规定的亮度等级。

条文说明

无固定图案显示屏一般是指显示屏整个发光面可均匀发光,如可变信息标志。

4.0.4 测试有固定图案显示屏时,应确保亮度计测量视场内仅包括被测试亮度等级和颜色的发光区域。

条文说明

有固定图案显示屏一般是指显示屏只可显示规定的一种或多种图案,如可变限速标志、有图案交通信号灯、车道控制标志等设施。

5 测试结果

5.0.1 平均亮度测试结果为3次亮度测试值的算术平均值,测试结果的单位为cd/m^2,测试结果数值修约间隔为1。

5.0.2 色度测试结果为3次色品坐标测试值的算术平均值,测试结果数值修约间隔为0.001。

4 监控设施测试

T 8101—2021 车流量相对误差测试

1 适用范围

1.0.1 本方法适用于车辆检测器、交通量调查设备等设施的车流量相对误差测试。

2 仪器设备

2.0.1 计数器：显示位数不应少于4位。

3 测试方法

3.0.1 应确认能够实时读取被测设备采集的车流量数据。

3.0.2 测试人员应操作计数器和被测设备同时对通过测试区域断面的车流量进行计数。

3.0.3 当计数器记录车流量达到测试规定的数量后应停止测试，记录停止测试时计数器的计数值与被测设备的计数值。

4 测试要求

4.0.1 可在正常通车的公路上以实际行驶的车辆为样本进行测试。

4.0.2 测试时应尽量避免对车辆正常通行的影响。

4.0.3 在测试区域内，行人、动物、摩托车、异型车、非正常行驶车辆等特殊情况不应计入测试样本。

4.0.4 测试样本数量应按相关标准规定执行；无规定时，数量宜在100～110辆之间。

5 计算

5.0.1 车流量相对误差测试结果应按式(T 8101-1)计算：

$$n_r = \frac{|n - n_0|}{n_0} \times 100\% \qquad (T\ 8101\text{-}1)$$

式中：n_r——车流量相对误差；
　　　n——被测设备计数值；
　　　n_0——计数器计数值。

6 测试结果

6.0.1 测试结果为车流量相对误差的计算结果，用百分数表示，测试结果数值修约间隔为0.1。

T 8102—2021 车速相对误差测试

1 适用范围

1.0.1 本方法适用于车辆检测器、交通情况调查设备等设施的车速相对误差测试。

2 仪器设备

2.0.1 机动车雷达测速仪或激光测速仪：静态测速范围应满足20～180km/h；测速的最大允许误差±1km/h。

条文说明

机动车雷达测速仪和激光测速仪的计量性能要求分别参考《移动式机动车雷达测速仪检定规程》（JJG 528）和《机动车激光测速仪检定规程》（JJG 1074）。

3 测试方法

3.0.1 应确认现场能够实时读取被测设备采集的测试车辆通过检测断面的瞬时车速数据。

3.0.2 测速仪测试位置宜选择沿行车方向的路侧，距离被测设备检测断面不宜小于100m。

条文说明

测速仪通常需要在被测物体移动轴重合的轴线上进行测试，而实际测试中，测速仪的测试方向与测试车辆的行车方向存在一定夹角，导致测试速度与实际车辆行驶速度存在偏差。该偏差与夹角大小相关。为减少上述测试偏差的影响，测速仪测试位置宜选择距离被测设备检测断面不小于100m的路侧。

3.0.3 测试人员应在测试位置操作测速仪,面向行车方向测试车辆通过被测设备检测断面的瞬时车速并记录,同时记录被测设备采集的该车辆通过检测断面的瞬时车速。

3.0.4 当有效测试车辆达到规定的数量后应停止测试。

4 测试要求

4.0.1 可在正常通车的公路上以实际行驶的车辆为样本进行测试。

4.0.2 现场测试时,应尽量避免对车辆正常通行的影响。

4.0.3 在测试区域内,行人、动物、摩托车、异型车、非正常行驶车辆等特殊情况不应计入测试样本。

4.0.4 在单向三车道及以上公路测试时,应将距测速仪测试位置横向最近两条车道通过的测试车辆作为有效样本。

条文说明

在距离测试位置横向最近两车道以外车道上,测试车辆行车方向与测速仪测试方向存在较大夹角,可导致测速仪测试结果与实际车辆行驶速度存在较大偏差。

4.0.5 测试样本数量按相关标准规定执行;无规定时,数量宜在50～60辆之间。

5 计算

5.0.1 车速相对误差测试结果应按式(T 8102-1)计算:

$$v_r = \frac{1}{n}\sum_{i=1}^{n}\frac{|v_i - v_{i0}|}{v_{i0}} \times 100\% \quad (\text{T 8102-1})$$

式中:v_r——被测设备的车速相对误差;
v_i——被测设备采集第 i 辆测试车辆的瞬时车速(km/h);
v_{i0}——雷达测速仪或激光测速仪测试第 i 辆测试车辆的瞬时车速(km/h);
n——有效测试车辆总数。

6 测试结果

6.0.1 测试结果为车速相对误差的计算结果,用百分数表示,测试结果数值修约间隔为0.1。

T 8103—2021 温度、相对湿度误差测试

1 适用范围

1.0.1 本方法适用于公路气象检测器或温度、相对湿度传感器的温度、相对湿度采集误差的测试。

2 仪器设备

2.0.1 数字温湿度计:温度示值误差不应超过 ±1.0℃;相对湿度示值误差不应超过 ±5%RH。

3 测试方法

3.0.1 应在傍晚或多云或测试点无阳光直接照射、无风或微风环境条件下进行测试。

条文说明

傍晚或多云或测试点无阳光直接照射的环境条件对空气温度变化的影响相对较小,无风或微风环境条件对空气相对湿度变化的影响相对较小。

3.0.2 应设置被测检测器(传感器)能够实时采集并输出(显示)环境温度、相对湿度值。

3.0.3 应面向被测检测器(传感器),在靠近其正面(1号位置)、背面(2号位置)、左侧面(3号位置)、右侧面(4号位置)分别用数字温湿度计连续测试被测位置的温度、相对湿度值,同时读取数字温湿度计测试值和被测检测器(传感器)采集的温度、相对湿度数值,并记录。

4 测试要求

4.0.1 四处测试位置应靠近传感器四周的中心位置。

条文说明

传感器置于百叶箱内时,四处测量位置尽量靠近百叶箱四周的百叶窗中心位置。

4.0.2 连续测量的时间不应超过1min。

条文说明

连续测量的时间不超过1min是为了减少温、湿度随时间变化对测试结果产生的影响。

5 计算

5.0.1 被测检测器(传感器)的温度误差应按式(T 8103-1)计算：

$$\Delta T = \frac{1}{4}\sum_{i=1}^{4} T'_i - \frac{1}{4}\sum_{i=1}^{4} T_i \quad (\text{T 8103-1})$$

式中：ΔT——被测检测器(传感器)的温度误差(℃)；
 T_i——数字温湿度计在i号位置测试的温度(℃)；
 T'_i——测试T_i时刻，被测检测器(传感器)采集的温度数值(℃)。

5.0.2 被测检测器(传感器)的相对湿度误差应按式(T 8103-2)计算：

$$\Delta H = \frac{1}{4}\sum_{i=1}^{4} H'_i - \frac{1}{4}\sum_{i=1}^{4} H_i \quad (\text{T 8103-2})$$

式中：ΔH——被测检测器(传感器)的相对湿度误差(%RH)；
 H_i——数字温湿度计在i号位置测试的相对湿度(%RH)；
 H'_i——测试H_i时刻，被测检测器(传感器)采集的相对湿度数值(%RH)。

6 测试结果

6.0.1 温度误差的测试结果为温度误差的计算结果，单位为℃，测试结果数值修约间隔为0.1。

6.0.2 相对湿度误差的测试结果为相对湿度误差的计算结果，单位为%RH，测试结果数值修约间隔为1。

T 8104—2021 模拟视频传输通道测试

1 适用范围

1.0.1 本方法适用于模拟复合视频信号传输通道指标的测试。

2 仪器设备

2.0.1 视频信号发生器：应能产生测试所需要的视频测试信号，包括75%彩条、2T正弦平方波和条脉冲、调制五阶梯、非调制五阶梯、副载波填充的10T或副载波填充的条脉冲、sinx/x、多波群等。计量性能应满足下列要求：

1 亮度电平最大允许误差：±3%。
2 色度电平最大允许误差：±3%。
3 色度相位最大允许误差：±3°。
4 色度频率最大允许误差：±2kHz。

条文说明

视频信号发生器的计量性能要求参考《电视视频信号发生器校准规范》（JJF 1235）。

2.0.2 视频信号分析仪：应具有所需要测试指标的测试功能，包括视频电平、同步脉冲幅度、回波E、亮度非线性、色度/亮度增益不等、色度/亮度时延差、微分增益、微分相位、幅频特性、视频信噪比（加权）等指标。计量性能应满足下列要求：

1 亮度电平测量范围：1~990mV；最大允许误差：±（0.5%读数+3.5mV）。
2 色度电平测量范围：1~990mV；最大允许误差：±（1.5%读数+3.5mV）。
3 矢量相位测量范围：0°~360°；最大允许误差：±1°。
4 时间测量范围：1~500μs；最大允许误差：±（1%读数+50ns）。

条文说明

视频信号分析仪的计量性能要求参考《电视视频信号分析仪校准规范》（JJF 1455）。

3 测试方法

3.0.1 测试通道应选择摄像机输出端（视频发送设备输入端）至显示终端的输入端（视频处理设备输出端），如图 T 8104-1 所示。

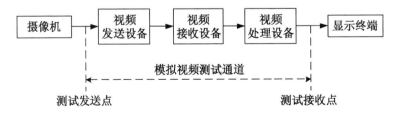

图 T 8104-1 模拟视频测试通道示意图

条文说明

视频发送/接收设备通常是视频光端机、视频编解码器等设备，视频处理设备通常是视频分配器、视频放大器、字符叠加器等设备。

3.0.2 在测试发送点处,应断开摄像机与视频发送设备的连接,将视频信号发生器的测试信号输出端与视频发送设备输入端相连接;在测试接收点处,应断开视频处理设备与显示终端的连接,将视频处理设备的视频输出端与视频信号分析仪的测试信号输入端相连接。

3.0.3 视频信号发生器和视频信号分析仪应选择与被测视频通道设备相同的制式。

3.0.4 应选择视频信号发生器的输出信号为需要测试的视频信号,调节视频信号分析仪,使其稳定地显示接收到的测试信号,启动视频信号分析仪相应测试指标的测试功能,设置相应的参数(测量行、滤波器控制、加权控制等),读取测试值并记录。

条文说明

依据测试技术标准确定测试指标及对应的测试信号,可参考表 T 8104-1。

表 T 8104-1 测试指标和测试信号对应表

序 号	测 试 指 标	测 试 信 号
1	视频电平	75% 彩条信号或 2T 正弦平方波和条脉冲信号
2	同步脉冲幅度	75% 彩条信号或 2T 正弦平方波和条脉冲信号
3	回波 E	2T 正弦平方波和条脉冲信号
4	亮度非线性	非调制五阶梯信号
5	色度/亮度增益不等	副载波填充的 10T 信号或副载波填充的条脉冲信号
6	色度/亮度时延差	副载波填充的 10T 信号或副载波填充的条脉冲信号
7	微分增益	调制五阶梯信号
8	微分相位	调制五阶梯信号
9	幅频特性(5.8MHz 带宽内)	$\sin x/x$ 信号
10	视频信噪比	多波群信号

4 测试要求

4.0.1 视频测试通道应包括整个视频传输链路和链路中的所有设备。

条文说明

视频传输通道可能包含多级传输和多种设备。

4.0.2 测试过程中,视频信号分析仪的输入环出口应使用75Ω负载终接。

4.0.3 对于视频信号发生器中的非整场图像信号,测试时应按测试信号调整对应的测试行。

4.0.4 选择视频信号分析仪的测试行时,应避开图像中的叠加字符或其他干扰测试的行。

5 测试结果

5.0.1 测试结果为相应测试指标的测试值,回波E、亮度非线性、色度/亮度增益不等、微分增益的测试结果用百分数表示,其他测试结果单位分别为:
1 视频电平:mV。
2 同步脉冲幅度:mV。
3 色度/亮度时延差:ns。
4 微分相位:°。
5 幅频特性:dB。
6 视频信噪比:dB。

5.0.2 测试结果数值修约间隔为0.1。

5.0.3 幅频特性测试结果尚应记录最差结果对应的频率点。

T 8105—2021 数字视频传输通道测试

1 适用范围

1.0.1 本方法适用于高清Y、$C_B(P_B)$、$C_R(P_R)$和R、G、B数字视频信号传输通道指标的测试。

2 仪器设备

2.0.1 数字视频信号发生器:应能产生测试所需要的视频测试信号,至少应包括2T正弦平方波和条脉冲、多波群、$\sin x/x$、非调制五阶梯、75%彩条、静默行等;分辨率宜支持720P和1 080P;输出接口宜支持HDMI、SDI、ASI或以太网接口循环码流输出。

条文说明

数字视频信号发生器的计量性能要求参考《高清视频信号发生器校准规范》

（JJF 1742）。

2.0.2 数字视频信号分析仪：应具有所需要测试指标的测试功能，至少包括信号输出量化误差、幅频特性、非线性失真、亮度通道线性响应、信号时延差、信噪比等指标；应能测试高清 Y、$C_B(P_B)$、$C_R(P_R)$ 视频信号和高清 R、G、B 视频信号；输入接口应支持 HDMI、SDI 接口。

3 测试方法

3.0.1 测试通道应选择摄像机输出端（视频发送设备输入端）至显示终端的输入端（视频处理设备输出端），如图 T 8105-1 和图 T 8105-2 所示。

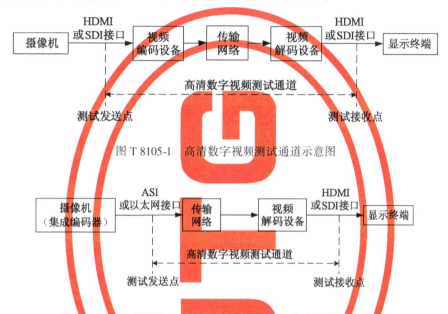

图 T 8105-1　高清数字视频测试通道示意图

图 T 8105-2　高清数字视频测试通道示意图（集成编码器摄像机）

条文说明

高清数字视频传输通道通常采用以太网传输方式，视频解码设备是将传输视频信号转换成可以由显示终端显示的设备。

3.0.2 对于未集成视频编码器的摄像机，应按图 T 8105-1 在测试发送点处，断开摄像机与视频编码设备的连接，将数字视频信号发生器的测试信号输出端与视频编码设备输入端相连接；对于集成视频编码器的摄像机，应按图 T 8105-2 在测试发送点处，断开摄像机与传输网络的连接，将数字视频信号发生器的测试信号输出端接入传输网络。

3.0.3 应在测试接收点断开视频解码设备与显示终端的连接，将解码设备的视频输出端与数字视频信号分析仪的测试信号输入端相连接。

3.0.4 应设置数字视频信号发生器和数字视频信号分析仪与被测视频通道设备参数保持一致(量化方式等)。

3.0.5 应选择数字视频信号发生器的视频输出信号为需要测试的视频信号,调节数字视频信号分析仪测试参数,使其可稳定地显示接收到的测试信号,启动数字视频信号分析仪相应测试指标的测试功能,设置相应的参数,读取测试值并记录。

条文说明

依据测试技术标准确定测试指标及对应的测试信号,可参考表 T 8105-1。

表 T 8105-1　测试指标和测试信号对应表

序　号	测试指标	测试信号
1	信号输出量化误差	2T 脉冲和条幅信号
2	幅频特性	多波群信号或 $\sin x/x$ 信号
3	非线性失真	五阶梯波信号
4	亮度通道线性响应	2T 脉冲和条幅信号
5	信号时延差	彩条信号
6	信号的信噪比	静默行信号

4　测试要求

4.0.1 高清数字视频测试通道应包括整个视频传输链路和链路中的所有设备。

4.0.2 对于集成视频编码器的摄像机,测试信号的码流宜由摄像机制造商提供的编码系统制作。

5　测试结果

5.0.1 测试结果为相应测试指标的测试值,信号输出量化误差、非线性失真、亮度通道线性响应的测试结果用百分数表示,其他测试结果的单位分别为:
1　幅频特性:dB。
2　信号时延差:ns。
3　信号的信噪比:dB。

5.0.2 测试结果数值修约间隔为 0.1。

T 8106—2021 视频交通事件有效检测范围测试

1 适用范围

1.0.1 本方法适用于视频交通事件检测系统的事件有效检测范围测试。

2 仪器设备

2.0.1 测试车辆:小型客车或小型货车 1 辆。

2.0.2 模拟抛撒物:结构尺寸长、宽、高均不大于 60cm 的长方体轻质物品。

条文说明

模拟抛撒物可以选择外尺寸符合要求的运输包装用瓦楞纸箱,如《运输包装用单瓦楞纸箱和双瓦楞纸箱》(GB/T 6543—2008)规定的代号为 BS-1.3、BS-1.4、BS-2.3、BS-2.4、BD-1.2、BD-1.3、BD-2.2、BD-2.3 的纸箱。

2.0.3 卷尺(钢或纤维):测量范围 0~50m。钢卷尺计量性能应满足现行《钢卷尺检定规程》(JJG 4)规定的Ⅱ级要求;纤维卷尺计量性能应满足现行《纤维卷尺、测绳检定规程》(JJG 5)规定的 2 级要求。

3 测试方法

3.0.1 测试前应做下列准备工作:
1 选择视频交通事件检测系统事件检测范围内的 1 条车道作为测试车道。
2 按图 T 8106-1 所示标记测试区域,测试区域以事件检测标称起始位置对应的实际位置为起点,沿行驶方向至标称最大有效检测范围对应的实际位置为终点,在测试车道的外侧沿行驶方向 $N(N \geqslant 10)$ 等分处摆放标记物,标记物间距不应大于 50m。

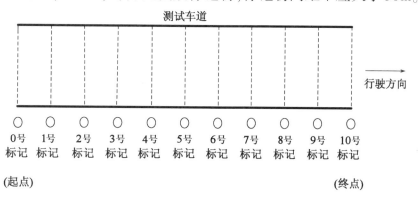

图 T 8106-1 事件有效检测范围测试区域示意图

3 用卷尺测量标记物间距,计算每个标记物距离测试区域起点的距离。

4 在视频处理显示终端应确认测试区域及标记物可清晰辨识,0号标记位置与事件检测标称起始位置一致。

条文说明

标记物可以选择交通锥或其他能够在视频处理显示终端识别出的标记。

3.0.2 应按下列步骤模拟交通事件:

1 停止事件:测试车辆应沿行驶方向行驶至10号标记位置停止,停止时间不少于10s,继续沿行驶方向驶出测试区域;按上述步骤,测试车辆分别在其他标记位置处模拟停止事件。

2 驶离事件:测试车辆应沿行驶方向行驶至10号标记位置处驶出测试车道;按上述步骤,测试车辆分别在其他标记位置处模拟驶离事件。

3 逆行事件:测试车辆应从测试区域10号标记位置外,沿行驶方向反方向行驶至测试区域起点,并驶出测试区域;按上述步骤,模拟逆行事件不少于5次。

4 行人事件:测试人员应在测试区域外侧从10号标记位置进入测试区域,在标记线处滞留不少于10s,离开测试区域;按上述步骤,测试人员分别在其他标记位置处模拟行人事件。

5 抛撒物事件:在测试区域外侧将模拟抛撒物从10号标记位置抛入测试区域,模拟抛撒物在标记线处留置不少于10s,将其移出测试区域;按上述步骤,分别在其他标记位置处模拟抛撒物。

3.0.3 在视频处理显示终端查看交通事件检测记录及对应视频记录,针对各类型交通事件,记录能够有效检测交通事件时对应的标记位置。

4 测试要求

4.0.1 隧道内测试时,照明条件应符合设计要求;户外测试时,环境照度应不小于2 000lx;能见度情况良好。

4.0.2 测试车道应实施交通管控,非测试车辆和人员不得进入。

4.0.3 测试车辆在测试区域的行驶速度宜为15~20km/h。

4.0.4 模拟交通事件的视频可作为标准测试视频源输入其他被测设备进行测试。

5 测试结果

5.0.1 针对各类型交通事件,应以能够连续有效检测交通事件时对应最远标记位置与最近标记位置之间的距离作为有效检测范围的测试结果。

条文说明

连续有效指在测试范围内相邻各标记位置处均能有效检测交通事件。最远标记位置指可有效检测交通事件时距起始位置最远的标记位置,最近标记位置指可有效检测交通事件时距起始位置最近的标记位置。

5.0.2 逆行事件应以多次测试的最差结果作为测试结果。

5.0.3 测试结果单位为 m,测试结果数值修约间隔为 10。

T 8107—2021 视频交通事件检测率测试

1 适用范围

1.0.1 本方法适用于视频交通事件检测系统的事件检测率测试。

2 仪器设备

2.0.1 测试车辆:小型客车或小型货车 1 辆。

2.0.2 模拟抛撒物:结构尺寸长、宽、高均不大于 60cm 的长方体轻质物品。

条文说明

模拟抛撒物可以选择外尺寸符合要求的运输包装用瓦楞纸箱,如《运输包装用单瓦楞纸箱和双瓦楞纸箱》(GB/T 6543—2008)规定的代号为 BS-1.3、BS-1.4、BS-2.3、BS-2.4、BD-1.2、BD-1.3、BD-2.2、BD-2.3 的纸箱。

2.0.3 卷尺(钢或纤维):测量范围 0~50m。钢卷尺计量性能应满足现行《钢卷尺检定规程》(JJG 4)规定的 Ⅱ 级要求;纤维卷尺计量性能应满足现行《纤维卷尺、测绳检定规程》(JJG 5)规定的 2 级要求。

3 测试方法

3.0.1 测试前应做下列准备工作：

1 选择视频交通事件检测系统事件检测范围内的 1 条车道作为测试车道。

2 按图 T 8107-1 所示标记测试区域，测试区域以事件检测标称起始位置对应的实际位置为起点，沿行驶方向至标称最大有效检测范围对应的实际位置为终点，将测试区域沿行驶方向平均分为 3 个区域：近端、中间、远端测试区。

图 T 8107-1　事件检测率标记测试区域示意图

3 在视频处理显示终端确认 3 个测试区域可清晰辨识。

3.0.2 应按下列步骤模拟交通事件：

1 停止事件：测试车辆应从测试区域起点沿行驶方向依次行驶至近端、中间、远端 3 个测试区域内分别停止，每次停止时间不少于 10s，继续沿行驶方向驶出测试区域，各区域分别模拟停车事件不少于 10 次。

2 驶离事件：测试车辆应从测试区域起点沿行驶方向分别行驶至近端、中间、远端 3 个测试区域驶出测试车道，各区域分别模拟驶离事件不少于 10 次。

3 逆行事件：测试车辆应从测试区域远端外，沿行驶方向反方向行驶至测试区域起点，并驶出测试区域，模拟逆行事件不少于 30 次。

4 行人事件：测试人员应从测试区域外侧任意位置分别进入近端、中间、远端 3 个测试区域，在各区域滞留不少于 10s，离开测试区域，各区域模拟行人事件不少于 10 次。

5 抛撒物事件：应从测试区域外侧任意位置将模拟抛撒物分别抛入近端、中间、远端 3 个测试区域，模拟抛撒物在各区域留置不少于 10s，将其移出测试区域，各区域模拟抛撒物事件不少于 10 次。

3.0.3 在视频处理显示终端查看交通事件检测记录及对应视频记录，针对各类型交通事件，记录模拟交通事件的次数和能够有效检测交通事件的次数。

4 测试要求

4.0.1 隧道内测试时，照明条件应符合设计要求；户外测试时，环境照度应不小于 2 000lx；能见度情况良好。

4.0.2 测试车道应实施交通管控,非测试车辆和人员不得进入。

4.0.3 测试车辆在测试区域的行驶速度宜为 15～20km/h。

4.0.4 按测试需求,需要增加模拟交通事件的次数时,可将模拟交通事件的视频作为标准测试视频源输入被测设备进行重复测试。

条文说明

模拟交通事件的最少次数通常由检测率指标的技术要求确定(如检测率为 96% 时,模拟交通事件的次数需不少于 25 次),模拟交通事件次数越多,测试结果越准确,但效率会相应降低。

4.0.5 模拟交通事件的视频可作为标准测试视频源输入其他被测设备进行测试。

5 计算

5.0.1 各类型交通事件检测率测试结果应按式(T 8107-1)分别计算:

$$n = \frac{n_e}{n_0} \times 100\% \qquad (\text{T 8107-1})$$

式中:n——事件检测率;
   n_e——可有效检测交通事件次数;
   n_0——模拟交通事件次数。

6 测试结果

6.0.1 测试结果为各类型交通事件检测率计算结果,用百分数表示,测试结果数值修约间隔为 0.1。

T 8108—2021 大屏幕显示屏亮度及亮度不均匀度测试

1 适用范围

1.0.1 本方法适用于大屏幕显示屏亮度及亮度不均匀度的测试。

2 仪器设备

2.0.1 亮度计:计量性能应满足现行《亮度计检定规程》(JJG 211)规定的一级要求。

3 测试方法

3.0.1 测试前应确认测试环境无明显的灯光或自然光干扰,被测显示屏处于白平衡条件下最大亮度状态。

3.0.2 被测显示屏的测试区域应按下列要求确定:
1 被测显示屏的显示面存在目测可见的拼接单元时,应以最小的拼接显示单元为一个测试区域。
2 被测显示屏的显示面无目测可见的拼接单元时,应将显示屏横向和纵向分别3等分,形成9个显示区域,每个显示区域为一个测试区域。

3.0.3 开启亮度计并应完成预热及自校准操作。

3.0.4 应按下列原则选择亮度计测试位置、方向和视角:
1 在亮度计选择最小视角条件下,其测量视场范围不应超出被测试区域。
2 亮度计测试位置宜选择距离被测试区域正前方不小于10m的地点;无法满足最小测试距离时,宜调整测试位置,使亮度计测试光轴接近被测试区域发光轴线。
3 在亮度计的测量视场范围不超出被测试区域条件下,亮度计宜选择相对较大视角。
4 亮度计测量视场范围应以被测试区域的几何中心为中心。

3.0.5 开始测试,读取每个被测试区域亮度测试值并记录。

4 测试要求

4.0.1 测试过程中,当目测可见明显亮度不均匀的测试区域或拼接单元时,宜加测最亮和最暗区域。

条文说明

被测试区域目测可见明显的亮度不均匀时,在该被测区域内增加测试最亮和最暗处的亮度。

5 计算

5.0.1 应对全部测试区域的亮度测试值计算算术平均值。

5.0.2 亮度不均匀度测试结果应按式(T 8108-1)计算:

$$l_u = \max\left\{\frac{\max(x_i) - \bar{x}}{\bar{x}}, \frac{\bar{x} - \min(x_i)}{\bar{x}}\right\} \times 100\% \qquad (\text{T 8108-1})$$

式中：l_u——亮度不均匀度；

x_i——测试区域的亮度测试值；

$\bar{x}$——全部测试区域亮度的平均值。

6 测试结果

6.0.1 大屏幕显示屏亮度测试结果为全部测试区域亮度测试值的算术平均值，单位为 cd/m^2，测试结果数值修约间隔为 1。

6.0.2 大屏幕显示屏亮度不均匀度测试结果为亮度不均匀度的计算结果，用百分数表示，测试结果数值修约间隔为 0.1。

T 8109—2021 监控系统软件基本功能测试

1 适用范围

1.0.1 本方法适用于监控(分)中心和隧道管理站软件基本功能的测试。

2 测试方法

2.0.1 测试前应记录监控系统软件的当前版本信息。

2.0.2 图像监视功能测试：应通过监控系统软件按时间、位置等要素查看监视路段的视频图像。

2.0.3 系统工作状况监视功能应按下列规定测试：

1 在监控系统软件中查看监控设备运行状态信息，核验与实际状态的一致性。

2 关闭某一外场监控设备的电源或断开设备的网络连接，通过监控系统软件查询该设备的状态信息，核验与上述操作后设备实际状态的一致性。

条文说明

1 设备运行状态包括正常、设备故障、网络故障等。

2.0.4 信息发布功能测试：应在不影响路网正常运行的情况下，编辑可变标志的信息，预览后发布于所辖路段指定的可变标志，通过外场摄像机或信息查询功能，查看信息发布情况。

2.0.5 统计、查询、打印报表功能应按下列规定测试：
1 在监控系统软件中查询指令、监控设备状态信息、系统故障信息、交通参数等。
2 分别按时间、位置或其他规定的要素或组合要素统计报表。
3 打印输出相关报表。

2.0.6 数据备份、存储功能应按下列规定测试：
1 查看数据备份的历史记录，核验数据的完整性与连续性。
2 模拟服务器故障，查看系统数据的完整性。
3 手动备份数据，记录备份数据的详细信息，核验备份数据与记录数据的一致性。

2.0.7 监控系统应急事件处置预案或控制方案应按下列规定测试：
1 编制应急事件处置预案或控制方案，生成预案或控制方案后进行修改、删除等操作。
2 在不影响路网运行的情况下，模拟应急事件处置预案的触发条件或执行控制方案。
3 核验事件处置程序与应急事件处置预案的一致性或核验被控制设备状态与控制方案的一致性。

条文说明

2 应急事件处置预案与控制方案相比增加了应急事件的触发环节，因此在测试应急预案时不仅需要执行预案，还需模拟应急事件以验证预案的触发功能。

3 测试结果

3.0.1 应以实际(模拟)操作与规定的功能是否一致作为测试结果。

5 通信设施测试

T 8201—2021 光纤链路接头损耗及总损耗测试(后向散射法)

1 适用范围

1.0.1 本方法适用于采用后向散射法测试光纤链路总损耗、接头损耗以及接头损耗平均值。

2 仪器设备

2.0.1 光时域反射计(OTDR)应满足下列技术要求：
1 输出光中心波长：(1310 ± 20) nm 和 (1550 ± 20) nm。
2 事件盲区长度：≤1m。
3 衰减盲区长度：≤4m。
4 测量距离范围：不小于被测中继段光纤长度。
5 损耗阈值：≤0.01dB。
6 损耗分辨率：≤0.001dB。
7 最小脉冲宽度：≤5ns。

条文说明

光时域反射计(OTDR)的计量性能要求参考《光时域反射计(OTDR)检定规程》(JJG 959)。

3 测试方法

3.0.1 将被测光纤与光时域反射计连接，确认被测光纤的测试方向对端未连接任何设备。

3.0.2 设置光时域反射计的测试参数：根据系统工作波长和光纤类型设置测试波长；测量范围宜设置为被测光纤长度的1.5~2倍距离；根据被测光纤长度设置合适的测试脉冲宽度；设置被测光纤折射率；取样(平均)时间宜设置为1~3min；损耗事件阈值宜设置为0.01dB。

条文说明

光纤折射率属于产品特性,一般由光纤制造商给出。

3.0.3 启动测试并记录测试方向,测试结束后应读取并记录事件信息,事件信息至少包括事件类型、位置、接头损耗、总损耗等。

3.0.4 转移至被测光纤对端,更换被测光纤的测试方向,应按本方法 3.0.1~3.0.3 的规定进行测试。

4 测试要求

4.0.1 测试中使用的接头或连接器应具有低插入损耗和低反射(高回波损耗)特性。

4.0.2 测试时,可在光时域反射计和被测光纤之间连接一段盲区光纤。

条文说明

盲区光纤可减小被测光纤与光时域反射计连接处的初始反射对测试结果的影响。

4.0.3 对于短距离测试,宜选择较短脉冲宽度;对于长距离测试,宜选择较长脉冲宽度或提高入射峰值功率。

条文说明

被测光纤链路长度在 10km 以下可以选择不大于 100ns 的脉冲宽度,长度在 10km 以上可以选择 100ns 及以上脉冲宽度。

5 计算

5.0.1 光纤链路总损耗测试结果应为该链路两个不同方向测得总损耗值的平均值。

5.0.2 接头损耗值测试结果应为该接续点两个不同方向测得接头损耗值的平均值。

5.0.3 光纤接头损耗平均值测试结果应按式(T 8201-1)计算:

$$\bar{\alpha} = \frac{1}{n}\sum_{i=1}^{n}\alpha_i \qquad (\text{T 8201-1})$$

式中：$\bar{\alpha}$——光纤接头损耗平均值(dB)；
  α_i——第 i 个接续点的接头损耗值(dB)；
  n——被测光纤的接续点总数。

6 测试结果

6.0.1 链路总损耗测试结果的单位为dB，测试结果数值修约间隔为0.01。

6.0.2 光纤接头损耗、光纤接头损耗平均值测试结果的单位为dB，测试结果数值修约间隔为0.001。

T 8202—2021 光纤链路总损耗测试(插入损耗法)

1 适用范围

1.0.1 本方法适用于采用插入损耗法测试光纤链路总损耗。

2 仪器设备

2.0.1 光传输用稳定光源：长时间(≥5h)稳定度应优于±0.2dB；短时间(15min)稳定度应优于±0.02dB；波长范围应包括被测光纤的工作波长。

条文说明

光传输用稳定光源的计量性能要求参考《光传输用稳定光源检定规程》(JJG 958)。

2.0.2 通信用光功率计：光功率测量范围应覆盖-60~+27dBm；光功率相对示值误差≤10%；波长范围应包括被测光纤的工作波长。

条文说明

通信用光功率计的计量性能要求参考《通信用光功率计检定规程》(JJG 965)。

3 测试方法

3.0.1 应采用与被测光纤为同一类型的短段光纤作为参考光纤，将稳定光源通过参考光纤连接至光功率计测试端口。

3.0.2 应设置稳定光源的参数(波长、输出功率等)和光功率计的测试参数(波长、模式等)与被测光纤链路保持一致。

3.0.3 启动测试,应待光源输出功率稳定后,记录光功率测试值,作为参考输入光功率 P_1。

3.0.4 应将稳定光源连接至被测光纤链路一端,将光功率计测试端口连接至被测光纤链路另外一端。

3.0.5 启动测试,应待光源输出功率稳定后,读取光功率测试值并记录,作为被测光纤链路输出光功率 P_2。

4 测试要求

4.0.1 测试中使用的参考光纤长度不应超过2m。

4.0.2 测试过程中,由连接器引起的损耗应被包括在参考光纤的功率测试结果中。

条文说明

测试使用精密的光纤耦合器件可以减小光纤耦合损耗,确保得到精确的测试结果。

4.0.3 测试仪器设备的光端口类型应与被测光纤链路光端口类型匹配。

4.0.4 测试前宜清洁光接头,并确保连接良好。

5 计算

5.0.1 光纤链路总损耗测试结果应按式(T 8202-1)计算:

$$A = \left| 10\lg\frac{P_1}{P_2} \right| \qquad (\text{T 8202-1})$$

式中:A——光纤链路总损耗(dB);
P_1——参考输入光功率(mW);
P_2——被测光纤链路输出光功率(mW)。

6 测试结果

6.0.1 测试结果为光纤链路总损耗的计算值,单位为dB,测试结果数值修约间隔为0.01。

T 8203—2021 光纤传输系统接收光功率测试

1 适用范围

1.0.1 本方法适用于SDH、IP光纤传输系统光链路接收光功率的测试。

2 仪器设备

2.0.1 通信用光功率计:光功率测量范围应覆盖 -60 ~ +27dBm;光功率相对示值误差≤10%;波长范围应包括被测光纤的工作波长。

3 测试方法

3.0.1 测试连接示意如图 T 8203-1 所示。

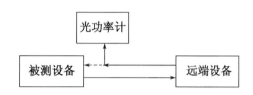

图 T 8203-1 系统接收光功率测试连接示意图

3.0.2 将光功率计测试端口用测试光纤或直接连接至被测设备的光接收端。

3.0.3 应设置光功率计的测试参数(波长、模式等)与被测设备保持一致。

3.0.4 启动测试,应待输出光功率稳定后,读取光功率计的测试值并记录。

4 测试要求

4.0.1 宜根据光连接器和测试光纤的衰减对光功率计测试值进行修正。

条文说明

光连接器和测试光纤的衰减一般认为是已知定值。

4.0.2 测试过程中宜确保系统在用数据通过保护链路进行传输。

4.0.3 测试仪器设备的光端口类型应与被测设备光端口类型匹配。

4.0.4 测试前宜清洁光接头,并确保连接良好。

5 测试结果

5.0.1 测试结果为光功率计的测试值,单位为 dBm,测试结果数值修约间隔为 0.01。

条文说明

如果需要精细测试,可以通过多次测试取平均值,然后再用光连接器和测试光纤的衰减对平均值进行修正。

T 8204—2021 光纤传输系统平均发送光功率测试

1 适用范围

1.0.1 本方法适用于 SDH、IP 光纤传输系统平均发送光功率的测试。

2 仪器设备

2.0.1 通信用光功率计:光功率测量范围应覆盖 -60 ~ +27dBm;光功率相对示值误差≤10%;波长范围应包括被测光纤的工作波长。

3 测试方法

3.0.1 测试连接示意如图 T 8204-1 所示。

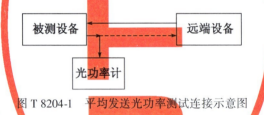

图 T 8204-1 平均发送光功率测试连接示意图

3.0.2 将光功率计测试端口用测试光纤或直接连接至被测设备的光发送端。

3.0.3 被测设备的输入端如需发送信号,可按输入端的速率等级等参数发送测试信号。

条文说明

测试信号一般是伪随机二元序列。

3.0.4 应设置光功率计的测试参数(波长、模式等)与被测设备保持一致。

3.0.5 启动测试,应待输出光功率稳定后,读取光功率计的测试值并记录。

4 测试要求

4.0.1 宜根据光连接器和测试光纤的衰减对光功率计测试值进行修正。

条文说明

光连接器和测试光纤的衰减一般认为是已知定值。

4.0.2 测试过程中应确保系统在用数据通过保护链路进行传输。

4.0.3 测试仪器设备的光端口类型应与被测设备光端口类型匹配。

4.0.4 测试前宜清洁光接头,并确保连接良好。

5 测试结果

5.0.1 测试结果为光功率计的测试值,单位为 dBm,测试结果数值修约间隔为 0.01。

条文说明

如果需要精细测试,可以通过多次测试取平均值,然后再用光连接器和测试光纤的衰减对平均值进行修正。

T 8205—2021 SDH 光纤传输系统误码测试

1 适用范围

1.0.1 本方法适用于 SDH 光纤传输系统 2 048kbit/s 电接口误码测试。

2 仪器设备

2.0.1 误码测试仪(或具有误码性能分析功能的 PDH/SDH 通信性能分析仪)应满足下列技术要求:

1 接口工作速率:2 048kbit/s。
2 码型:HDB3。
3 输出信号固有抖动:≤0.05UIp-p。
4 误码率测试范围:不小于 $10^{-3} \sim 10^{-12}$。
5 误码数测试范围:≥99 999。
6 应具备 ES(误块秒)、ESR(误块秒比)、SES(严重误块秒)、SESR(严重误块秒比)、BBE(背景误块)、BBER(背景误块比)等分析功能。

条文说明

误码测试仪的计量性能要求参考《SDH/PDH 传输分析仪校准规范》(JJF 1237)。

3 测试方法

3.0.1 测试连接示意如图 T 8205-1 所示。

图 T 8205-1 误码测试连接示意图

3.0.2 测试链路应选择被测设备至远端设备间速率等级为 2 048kbit/s 的数据链路通道,并进行远端环回。

3.0.3 将误码测试仪与测试链路连接,设置相应的速率等级,启动测试,向被测设备测试通道(线路)输入端发送测试信号,同时从被测设备测试通道(线路)输出端接收信号,并监视误码。

3.0.4 持续测试时间达到规定值后,读取误码测试仪测得的 BER、ESR、SESR、BBER 测试值并记录。

4 测试要求

4.0.1 测试通道的远端环回宜选择接口环回;不具备接口环回条件时,可采用系统配置远端环回代替。

条文说明

对于 2 048kbit/s 电接口,接口环回是在远端设备的数字配线架上将被测 2 048kbit/s 支路的输入、输出端口用电缆连接;系统配置远端环回是通过网管对远端设备接口进行软件环回。

4.0.2 根据需要可将数据链路测试通道串接进行测试。

条文说明

测试通道串接后进行误码测试可以提高测试效率。

4.0.3 在测试过程中,被测系统应处于正常工作状态,无光通道的断开、撤销等异常现象发生,测试过程中不得对系统进行配置操作。

条文说明

被测系统的正常工作状态包括正常工作时具有的自动保护倒换功能。

4.0.4 记录误码性能测试结果时,应同时记录测试时间。

5 测试结果

5.0.1 测试结果为 BER、ESR、SESR、BBER 测试值,测试结果数值修约间隔为 1。

T 8206—2021 光纤传输系统光接收灵敏度测试

1 适用范围

1.0.1 本方法适用于 SDH、IP 光纤传输系统光接收灵敏度的测试。

2 仪器设备

2.1 SDH 光纤传输系统光接收灵敏度测试仪器设备

2.1.1 误码测试仪应满足下列技术要求:
1 接口工作速率:2 048kbit/s。
2 码型:HDB3。
3 输出信号固有抖动:≤0.05UIp-p。
4 误码率测试范围:不小于 $10^{-3} \sim 10^{-12}$。
5 误码数测试范围:≥99 999。

2.1.2 通信用光功率计:光功率测量范围应覆盖 −60 ~ +27dBm;光功率相对示值误差≤10%;波长范围应包括被测光纤的工作波长。

2.1.3 可变光衰减器:可变衰减范围 0 ~ 65dB;插入损耗≤3dB。

2.2 IP 光纤传输系统光接收灵敏度测试仪器设备

2.2.1 IP 网络性能测试仪应满足下列要求:
1 应支持 10M/100M/1 000M 以太网接口上的 100% 线速流量产生和流量统计功能。

2 应具备网络流量仿真功能,能够指定数据包的内容、数据包长度和所产生流量的大小。

3 应具备网络流量监听功能,能够对网络利用率、单播帧、广播帧、多播帧、碰撞、各种类型错误帧进行统计。

4 应具备 RFC2544 网络性能测试功能。

5 应具备从网络设备上获取 SNMP 数据的功能。

6 应具备测试结果分析功能。

2.2.2 通信用光功率计:光功率测量范围应覆盖 -60 ~ +27dBm;光功率相对示值误差≤10%;波长范围应包括被测光纤的工作波长。

2.2.3 可变光衰减器:可变衰减范围 0 ~ 65dB;插入损耗≤3dB。

3 测试方法

3.0.1 测试连接示意如图 T 8206-1 所示。

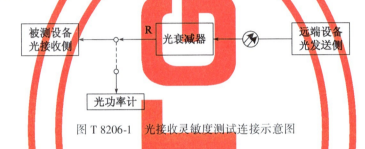

图 T 8206-1 光接收灵敏度测试连接示意图

3.0.2 监测链路宜符合下列要求:

1 测试 SDH 光纤传输系统时,监测链路宜选择被测设备至远端设备间速率等级为 2 048kbit/s 的数据链路通道。

2 测试 IP 光纤传输系统时,监测链路宜选择被测设备至远端网络设备之间的 IP 网络链路。

条文说明

远端设备是测试链路中被测设备对端的设备。

3.0.3 将可调光衰减器连接到被测光链路中,设置光衰减器的参数(波长等)与被测设备保持一致。

3.0.4 应按误码(包丢失率)测试方法,测试监测链路的误码率(包丢失率)。

3.0.5 调整光衰减器衰减值,使监测链路测到的误码率(包丢失率)接近但不大于规定的误码率(包丢失率)。

3.0.6 应保持此时光衰减器的衰减值不变,断开 R 点的活动连接器,将光衰减器与光功率计相连,设置光功率计的测试参数(波长、模式等)与被测设备保持一致,读取 R 点的接收光功率测试值并记录。

4 测试要求

4.0.1 开始测试前,应关闭系统自动保护功能或断开保护链路。

条文说明

光接收灵敏度测试时建立的监测链路在测试过程中需关闭自动保护。随着被测光链路信号损耗的增大,测试通道会出现误码或包丢失。

4.0.2 调整光衰减器衰减值前,应使光衰减器衰减值处于最小值,监测链路测到的误码率(包丢失率)应符合要求。

4.0.3 测试仪器设备、测试光纤的光端口类型应与被测设备光端口类型匹配。

4.0.4 测试过程中,在用数据传输中断的时间应尽可能短,以减少对正常业务传输的干扰。

条文说明

光接收灵敏度测试会导致数据传输中断。

5 测试结果

5.0.1 测试结果为 R 点的接收光功率测试值,单位为 dBm,测试结果数值修约间隔为 0.01。

条文说明

如有需要,可以用活动连接器的衰减值对读出的接收光功率进行修正。

T 8207—2021 SDH 光纤传输系统电接口允许比特容差测试

1 适用范围

1.0.1 本方法适用于 SDH 光纤传输系统 2 048kbit/s 电接口允许比特容差的测试。

2 仪器设备

2.0.1 PDH/SDH 通信性能分析仪:工作速率等级应至少包括 PDH 一次群(E1)、二次群(E2)、三次群(E3)、四次群(E4)、STM-1、STM-4、STM-16、STM-64;具有调制抖动输出、抖动测量、PDH 信号发生和测量、SDH 信号发生和分析、误码性能分析等功能。

条文说明

PDH/SDH 通信性能分析仪的计量性能要求参考《SDH/PDH 传输分析仪校准规范》(JJF 1237)。

3 测试方法

3.0.1 测试链路应选择被测设备至远端设备间速率等级为 2 048kbit/s 的数据链路通道,并进行远端环回。

3.0.2 应按图 T 8207-1 连接通信性能分析仪,设置通信性能分析仪相应的速率等级,启动测试,向被测设备支路输入端(或线路输入端)发送测试信号,同时从被测设备支路输出端(或线路输出端)接收信号,并监视误码。

图 T 8207-1 电接口允许比特容差测试连接示意图

3.0.3 在通信性能分析仪数据发送端从 0 开始依次递增加入正频偏值,直至接收端有误码产生为止,记录此时发送端加入的频偏值 P_+。

3.0.4 在通信性能分析仪数据发送端从 0 开始依次递减加入负频偏值,直至接收端有误码产生为止,记录此时发送端加入的频偏值 P_-。

条文说明

当电接口输入信号的频率偏移值在技术要求规定的范围内变化时,对应的通道信号无误码产生。

4 测试要求

4.0.1 测试通道的远端环回宜选择接口环回;不具备接口环回条件时,可采用系统配置远端环回代替。

4.0.2 在测试过程中,被测系统应处于正常工作状态,无光通道的断开、撤销等异常现象发生,测试过程中不得对系统进行配置操作。

条文说明

被测系统的正常工作状态包括正常工作时具有的自动保护倒换功能。

4.0.3 依次递增加入正频偏值或依次递减加入负频偏值时,步长可根据测试需要设置。

5 测试结果

5.0.1 测试结果为频偏值 P_+ 和 P_-,用百万分数表示,测试结果数值修约间隔为 1。

T 8208—2021 SDH 光纤传输系统输入抖动容限测试

1 适用范围

1.0.1 本方法适用于 SDH 光纤传输系统的输入抖动容限测试。

2 仪器设备

2.0.1 PDH/SDH 通信性能分析仪:工作速率等级应至少包括 PDH 一次群(E1)、二次群(E2)、三次群(E3)、四次群(E4)、STM-1、STM-4、STM-16、STM-64;具有调制抖动输出、抖动测量、PDH 信号发生和测量、SDH 信号发生和分析、误码性能分析等功能。

3 测试方法

3.0.1 测试链路宜选择被测设备至远端设备间速率等级为 2 048kbit/s 的数据链路通道,并进行远端环回。

3.0.2 应按图 T 8207-1 连接通信性能分析仪,选择通信性能分析仪相应速率等级的输入抖动容限测试模式(按输入端抖动容限参数调整抖动频率和幅度),启动测试,向被测设备支路输入端(或线路输入端)发送测试信号,同时从被测设备支路输出端(或线路输出端)接收信号,并监视误码。

3.0.3 在指定测试抖动频率下,测试输入端实际承受的最大抖动,读取此时抖动频率和幅度并记录。

条文说明

输入抖动容限是在指定的抖动频率下,不出现误码时的最大输入抖动幅度,是表示系统容错能力的重要指标。测试时,在被测抖动频率下,需持续降低抖动幅度,至不出现误码时,此时抖动幅度为最大抖动。

3.0.4 改变测试抖动频率,重复本方法3.0.2和3.0.3的规定,记录完整的输入抖动容限。

条文说明

目前多数通信性能分析仪的输入抖动容限为自动测试功能,测试时可以采用自动测试。

4 测试要求

4.0.1 测试通道的远端环回宜选择接口环回;不具备接口环回条件时,可采用系统配置远端环回代替。

4.0.2 在测试过程中,被测系统应处于正常工作状态,无光通道的断开、撤销等异常现象发生,测试过程中不得对系统进行配置操作。

条文说明

被测系统的正常工作状态包括正常工作时具有的自动保护倒换功能。

5 测试结果

5.0.1 测试结果为各频率点抖动容限值,单位为UI,也可采用抖动容限图进行表达。

条文说明

UI表示等间隔信号两个相邻有效瞬时之间的标称时间差。对于给定的工作速率,相对应的时间间隔也是固定的,如工作速率2 048kbit/s,对应的1UI时间间隔是488ns。抖动的计量单位是时间单位,但使用较不便,为方便使用,一般采用UI作为单位。

T 8209—2021　SDH 光纤传输系统输出抖动测试

1　适用范围

1.0.1　本方法适用于 SDH 光纤传输系统的输出抖动测试。

2　仪器设备

2.0.1　PDH/SDH 通信性能分析仪：工作速率等级至少应包括 PDH 一次群（E1）、二次群（E2）、三次群（E3）、四次群（E4）、STM-1、STM-4、STM-16、STM-64；具有调制抖动输出、抖动测量、PDH 信号发生和测量、SDH 信号发生和分析、误码性能分析等功能。

3　测试方法

3.0.1　测试链路宜选择被测设备至远端设备间速率等级为 2 048kbit/s 的数据链路通道，并进行远端环回。

3.0.2　应按图 T 8207-1 连接通信性能分析仪，选择通信性能分析仪相应速率等级的输出抖动测试模式（设置测试频段和测试滤波器），启动测试，向被测设备支路输入端（或线路输入端）发送不加抖动的测试信号，同时从被测设备支路输出端（或线路输出端）接收信号。

3.0.3　应连续进行 60s 的测试，读取最大抖动峰-峰值并记录。

3.0.4　设置不同的测试频段，重复本方法 3.0.2 和 3.0.3 的规定，读取所有测试频段最大抖动峰-峰值并记录。

4　测试要求

4.0.1　测试通道的远端环回宜选择接口环回；不具备接口环回条件时，可采用系统配置远端环回代替。

4.0.2　在测试过程中，被测系统应处于正常工作状态，无光通道的断开、撤销等异常现象发生，测试过程中不得对系统进行配置操作。

条文说明

被测系统的正常工作状态包括正常工作时具有的自动保护倒换功能。

5 测试结果

5.0.1 测试结果为最大抖动峰-峰值,单位为 UI,测试结果数值修约间隔为 0.01。

条文说明

UI 表示等间隔信号两个相邻有效瞬时之间的标称时间差。对于给定的工作速率,相对应的时间间隔也是固定的,如工作速率 2 048kbit/s,对应的 1UI 时间间隔是 488ns。抖动的计量单位是时间单位,但使用较不便,为方便使用,一般采用 UI 作为单位。

T 8210—2021 SDH 光纤传输系统 2M 支路口漂移测试

1 适用范围

1.0.1 本方法适用于 SDH 光纤传输系统的 2M 支路口漂移测试。

2 仪器设备

2.0.1 PDH/SDH 通信性能分析仪:工作速率等级至少应包括 PDH 一次群(E1)、二次群(E2)、三次群(E3)、四次群(E4)、STM-1、STM-4、STM-16、STM-64;具有调制抖动输出、抖动测量、PDH 信号发生和测量、SDH 信号发生和分析、误码性能分析等功能。

2.0.2 高精度时钟:铷原子频率标准(包括全球导航卫星系统控制的铷原子频率标准)或铯原子频率标准。

条文说明

铷原子频率标准和铯原子频率标准的计量性能要求分别参考《铷原子频率标准检定规程》(JJG 292)、《铯原子频率标准检定规程》(JJG 492)。

3 测试方法

3.0.1 测试链路应选择被测设备至远端设备间速率等级为 2 048kbit/s 的数据链路通道,并进行远端环回。

3.0.2 应按图 T 8207-1 连接通信性能分析仪,高精度时钟作为外部时钟,将其输出的时钟信号接入通信性能分析仪,在通信性能分析仪上选择相应速率等级的漂移测试模式,时钟选择外部输入时钟,启动测试。

3.0.3 持续测试时间达到规定值后,应读取通信性能分析仪测得的最大时间间隔误差(MTIE)和测试时间并记录。

条文说明

MTIE 是一个用于表征频率偏差和瞬时相位漂移的测量参数,是观察间隔 τ 的函数,它定义为任一观察间隔 τ 内 TIE 的最大峰峰值。

4 测试要求

4.0.1 测试链路宜选择传输链路最长或定时链路经过网元最多的链路。

4.0.2 测试通道的远端环回宜选择接口环回;不具备接口环回条件时,可采用系统配置远端环回代替。

4.0.3 在测试过程中,被测系统应处于正常工作状态,无光通道的断开、撤销等异常现象发生,测试过程中不得对系统进行配置操作。

条文说明

被测系统的正常工作状态包括正常工作时具有的自动保护倒换功能。

5 测试结果

5.0.1 测试结果为最大时间间隔误差(MTIE),单位为 μs,测试结果数值修约间隔为0.01。

T 8211—2021 自动保护倒换功能测试

1 适用范围

1.0.1 本方法适用于 SDH、IP 等光纤传输系统自动保护倒换功能测试。

2 仪器设备

2.1 SDH 光纤传输系统自动保护倒换功能测试仪器设备

2.1.1 误码测试仪应满足下列技术要求:
1 接口工作速率:2 048kbit/s。
2 码型:HDB3。
3 输出信号固有抖动:≤0.05UIp-p。

4　误码率测试范围:不小于 $10^{-3} \sim 10^{-12}$。

5　误码数测试范围:≥99 999。

2.1.2　可变光衰减器:可变衰减范围 0～65dB;插入损耗≤3dB。

2.2　IP 光纤传输系统自动保护倒换功能测试仪器设备

2.2.1　IP 网络性能测试仪应满足下列要求:

1　应支持 10M/100M/1 000M 以太网接口上的 100% 线速流量产生和流量统计功能。

2　应具备网络流量仿真功能,能够指定数据包的内容、数据包长度和所产生流量的大小。

3　应具备网络流量监听功能,能够对网络利用率、单播帧、广播帧、多播帧、碰撞、各种类型错误帧进行统计。

4　应具备 RFC2544 网络性能测试功能。

5　应具备从网络设备上获取 SNMP 数据的功能。

6　应具备测试结果分析功能。

2.2.2　可变光衰减器:可变衰减范围 0～65dB;插入损耗≤3dB。

3　测试方法

3.0.1　测试连接示意如图 T 8211-1 所示。

图 T 8211-1　自动保护倒换功能测试连接示意图

3.0.2　监测链路应满足下列要求:

1　测试 SDH 光纤传输系统时,监测链路宜选择被测设备至远端设备间速率等级为 2 048kbit/s 的数据链路通道。

2　测试 IP 光纤传输系统时,监测链路应选择被测设备至远端网络设备之间的 IP 网络链路。

3.0.3　将可调光衰减器连接到被测光链路中,设置光衰减器的参数(波长等)与被测设备保持一致。

3.0.4　应按误码(包丢失率)测试方法,测试监测链路的误码(丢包),确认监测链路工作正常。

3.0.5 人为断开工作光通道,模拟信号丢失。

条文说明

系统在信号失效时的自动保护倒换功能测试。

3.0.6 通过监测链路的误码(丢包)情况,判断系统是否完成从工作光通道到保护光通道的倒换。

3.0.7 恢复断开的光通道,应调整光衰减器增加衰减值,模拟产生超过系统门限的误码(丢包)缺陷。

条文说明

系统在信号劣化时的自动保护倒换功能测试。

3.0.8 通过监测链路的误码(丢包)情况,判断系统是否完成从工作光通道到保护光通道的倒换。

4 测试要求

4.0.1 开始测试前,应确认系统启动自动保护功能。

4.0.2 测试时,宜通过系统网管监视自动保护倒换工作过程。

4.0.3 调整光衰减器衰减值前,应使光衰减器衰减值处于最小值,监测链路测到的误码率(包丢失率)应符合要求。

5 测试结果

5.0.1 应以系统是否完成从工作光通道到保护光通道的倒换作为测试结果。

T 8212—2021 WDM 光纤传输系统中心波长、中心频率偏移测试

1 适用范围

1.0.1 本方法适用于 WDM 光纤传输系统线路侧、光波分复用器(合波器)、光波分解

复用器(分波器)及 OCh 的中心波长、中心频率偏移测试。

2 仪器设备

2.0.1 通信用光谱分析仪:波长测量范围应覆盖 1 250~1 650nm;分辨力带宽≤0.1nm;波长示值误差范围 ±0.5nm;光功率示值误差范围 ±1dB。

条文说明

WDM 光纤传输系统一般包括粗波分复用和密集波分复用两种形式。粗波分复用的工作波长范围 1 270~1 610nm,密集波分复用的工作波长范围 1 530~1 625nm。测试 WDM 光纤传输系统的光谱分析仪的波长测量范围需要覆盖 1 250~1 650nm。通信用光谱分析仪的计量性能要求参考《通信用光谱分析仪检定规程》(JJG 1035)。

3 测试方法

3.0.1 测试连接示意如图 T 8212-1 所示。

图 T 8212-1 中心波长测试连接示意图

3.0.2 将光谱分析仪测试端口用测试光纤连接至被测系统的输出端光接口。

3.0.3 设置光谱分析仪的测试参数,开始测试,读取波形峰值处对应的波长及频率值并记录。

4 测试要求

4.0.1 连接光谱分析仪测试端口前应确认光谱分析仪接收到的光信号功率不大于其所允许的最大接收光功率。

5 计算

5.0.1 中心波长测试结果为波形峰值处对应的波长值,中心频率测试结果为波形峰值处对应的频率值。

5.0.2 中心频率偏移测试结果应按式(T 8212-1)计算:

$$\Delta f = 1\,000 \times (f - f_0) \tag{T 8212-1}$$

式中:Δf——中心频率偏移(GHz);
f——中心频率测试值(THz);

f_0——中心频率标称值(THz)。

6 测试结果

6.0.1 中心波长测试结果的单位为 nm,测试结果数值修约间隔为 0.01。

6.0.2 中心频率偏移测试结果的单位为 GHz,测试结果数值修约间隔为 0.1。

条文说明

中心波长和中心频率为等效指标,测试过程可以根据需要选择波长或频率进行测试。

T 8213—2021　WDM 光纤传输系统业务通道光信号功率测试

1 适用范围

1.0.1 本方法适用于 WDM 光纤传输系统业务通道光信号功率测试。

2 仪器设备

2.0.1 通信用光谱分析仪:波长测量范围应覆盖 1 250～1 650nm;分辨力带宽≤0.1nm;波长示值误差范围 ±0.5nm;光功率示值误差范围 ±1dB。

3 测试方法

3.0.1 将光谱分析仪测试端口用测试光纤连接至被测通道的光发送点。

3.0.2 设置光谱分析仪的测试参数,开始测试,读取被测通道波长和信号功率并记录。

条文说明

WDM 系统传输中不仅有业务通道,还有控制通道,测试时需要进行识别。

4 测试要求

4.0.1 连接光谱分析仪测试端口前应确认光谱分析仪接收到的光信号功率不大于其所允许的最大接收光功率。

5 测试结果

5.0.1 测试结果为通道光信号功率的测试值,单位为 dBm,测试结果数值修约间隔为 0.01。

T 8214—2021　WDM 光纤传输系统业务通道光信噪比测试

1　适用范围

1.0.1　本方法适用于 WDM 光纤传输系统接收端业务通道信号光功率与噪声功率比值(OSNR)测试。

2　仪器设备

2.0.1　通信用光谱分析仪:波长测量范围应覆盖 1 250 ~ 1 650nm;分辨力带宽≤0.1nm;波长示值误差范围 ±0.5nm;光功率示值误差范围 ±1dB。

3　测试方法

3.0.1　在光配线架或色散补偿器输出端上,将光谱分析仪测试端口用测试光纤连接至被测系统的光接收点。

3.0.2　设置光谱分析仪的测试参数(工作模式 WDM),选择带内 OSNR 测试的功能,开始测试,读取被测通道波长和 OSNR 测试值并记录。

条文说明

测试 OSNR 有带外和带内测试方法。带外 OSNR 测试方法一般通过测量通道间噪声功率来内插计算出信号波长处的噪声功率,对于中间级联有光分插复用器的 WDM 系统,以及通道信号光谱谱宽较宽(如 40Gbit/s 及其以上速率)的 WDM 系统,带外 OSNR 测试方法通常不适用。带内 OSNR 测试方法较多,相对较成熟的是偏振消光法,该方法是利用信号偏振的原理测试,适用性较广。

4　测试要求

4.0.1　连接光谱分析仪测试端口前应确认光谱分析仪接收到的光信号功率不大于其所允许的最大接收光功率。

5　测试结果

5.0.1　测试结果为 OSNR 的测试值,单位为 dB,测试结果数值修约间隔为 0.01。

T 8215—2021　WDM 光纤传输系统 -20dB 带宽测试

1　适用范围

1.0.1　本方法适用于 WDM 光纤传输系统 -20dB 带宽的测试。

2 仪器设备

2.0.1 通信用光谱分析仪:波长测量范围应覆盖 1 250～1 650nm;分辨力带宽≤0.1nm;波长示值误差范围±0.5nm;光功率示值误差范围±1dB。

3 测试方法

3.0.1 将光谱分析仪测试端口用测试光纤连接至被测系统的输出端光接口。

3.0.2 设置光谱分析仪的测试参数并将分辨力带宽设置为最小值,开始测试,读取被测试通道功率峰值跌落20dB处的光谱宽度并记录。

条文说明

通信用光谱分析仪具有−20dB带宽自动测试功能时,可采用自动测试。

4 测试要求

4.0.1 连接光谱分析仪测试端口前应确认光谱分析仪接收到的光信号功率不大于其所允许的最大接收光功率。

5 测试结果

5.0.1 测试结果为光谱宽度,单位为nm,测试结果数值修约间隔为0.01。

T 8216—2021 WDM光纤传输系统通道插入损耗测试

1 适用范围

1.0.1 本方法适用于WDM光纤传输系统光波分复用器(合波器)和光波分解复用器(分波器)在对应工作波长λ的信号通道带宽内的插入损耗和插入损耗最大差异的测试。

条文说明

插入损耗是指光信号通过WDM系统某一光通道时,由被测光通道引入的功率损耗。对于WDM器件,通道插入损耗与输入端口、输出端口和输入或输出端口对应的工作波长λ相关联。

2 仪器设备

2.0.1 通信用光谱分析仪:波长测量范围应覆盖 1 250～1 650nm;分辨力带宽≤0.1nm;

波长示值误差范围 ±0.5nm;光功率示值误差范围 ±1dB。

2.0.2 宽带光源:带宽范围应覆盖被测系统所有工作波长;输出光功率稳定性 ±0.1dB/10min。

条文说明

宽带光源的计量性能要求参考《光传输用稳定光源检定规程》(JJG 958)。

3 测试方法

3.1 解复用器插入损耗测试

3.1.1 测试连接示意如图 T 8216-1 所示。

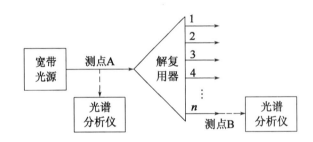

图 T 8216-1 解复用器插入损耗测试连接示意图

3.1.2 将宽带光源输出光信号接口(测点 A)用测试光纤连接至光谱分析仪测试端口。

3.1.3 设置光谱分析仪的测试参数,开始测试,读取光源在波长 λ_n 处的光功率 $P_A(\lambda_n)$ 并记录。

条文说明

测试被测通道(序号 n)的插入损耗时,λ_n 是被测通道(序号 n)对应的工作波长。

3.1.4 将宽带光源输出端连接至解复用器输入端,光谱分析仪测试端口用测试光纤连接至解复用器被测通道(序号 n)的输出端(测点 B)。

3.1.5 设置光谱分析仪的测试参数,开始测试,读取被测通道(序号 n)在波长 λ_n 处的输出光功率 $P_B(\lambda_n)$ 并记录。

3.1.6 根据测试需要,按本方法 3.1.2~3.1.5 的规定,测试解复用器其他通道。

3.2 复用器插入损耗测试

3.2.1 测试连接示意如图 T 8216-2 所示。

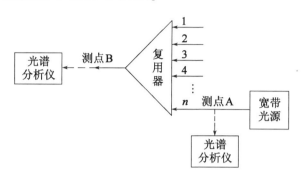

图 T 8216-2　复用器插入损耗测试连接示意图

3.2.2 将宽带光源输出光信号接口(测点 A)用测试光纤连接至光谱分析仪测试端口。

3.2.3 设置光谱分析仪的测试参数,开始测试,读取光源在工作波长 λ_n 处的光功率 $P_A(\lambda_n)$ 并记录。

条文说明

测试被测通道(序号 n)的插入损耗时,λ_n 是被测通道(序号 n)对应的工作波长。

3.2.4 将宽带光源输出端连接至复用器被测通道(序号 n)输入端,光谱分析仪测试端口用测试光纤连接至复用器输出端(测点 B)。

3.2.5 设置光谱分析仪的测试参数,开始测试,读取复用器在波长 λ_n 处的光功率 $P_B(\lambda_n)$ 并记录。

3.2.6 根据测试需要,按本方法 3.2.2~3.2.5 的规定,测试复用器其他通道。

4 测试要求

4.0.1 测试前,应断开复用器和解复用器各通道与工作光纤的连接。

5 计算

5.0.1 光通道在波长 λ_n 处插入损耗测试结果应按式(T 8216-1)计算:

$$IL(\lambda_n) = P_A(\lambda_n) - P_B(\lambda_n) \qquad (T\ 8216\text{-}1)$$

式中：$IL(\lambda_n)$——被测通道在波长 λ_n 处的插入损耗(dB)；

$P_A(\lambda_n)$——宽带光源在波长 λ_n 处的光功率(dBm)；

$P_B(\lambda_n)$——宽带光源通过复用器或解复用器后在波长 λ_n 处的光功率(dBm)。

5.0.2 插入损耗最大差异测试结果为所有通道测得的最大插入损耗值与最小插入损耗值之差。

条文说明

部分针对 WDM 系统设计的光谱分析仪具有自动测试功能，将宽带光源输入所有通道波长处的功率自动记录，在测试输出功率时自动计算插入损耗。

6 测试结果

6.0.1 测试结果为被测通道在波长 λ_n 处的插入损耗及插入损耗最大差异的计算值，单位为 dB，测试结果数值修约间隔为 0.1。

T 8217—2021 WDM 光纤传输系统相邻通道隔离度测试

1 适用范围

1.0.1 本方法适用于 WDM 光纤传输系统光波分复用器(合波器)和光波分解复用器(分波器)的相邻通道隔离度测试。

2 仪器设备

2.0.1 通信用光谱分析仪：波长测量范围应覆盖 1 250 ~ 1 650nm；分辨力带宽 ≤ 0.1nm；波长示值误差范围 ±0.5nm；光功率动态范围应满足 -65 ~ +15dBm；示值误差范围 ±1dB。

2.0.2 宽带光源：带宽范围应覆盖被测系统所有工作波长；输出光功率稳定性 ±0.1dB/10min。

3 测试方法

3.1 解复用器相邻通道隔离度测试

3.1.1 在被测通道(序号 n)测试波长 λ_n 处的插入损耗 $IL(\lambda_n)$ 并记录。

条文说明

λ_n 是被测通道(序号 n)的工作波长。

3.1.2 在被测通道(序号 n)分别测试波长 λ_{n-1} 处和 λ_{n+1} 处的插入损耗 $IL(\lambda_{n-1})$ 和 $IL(\lambda_{n+1})$ 并记录。

条文说明

被测通道(序号 n)的相邻通道序号分别为 $(n-1)$ 和 $(n+1)$,对应的工作波长分别为 λ_{n-1} 和 λ_{n+1}。

3.1.3 根据测试需要,按本方法 3.1.1 和 3.1.2 的规定,测试解复用器其他通道。

3.2 复用器相邻通道隔离度测试

3.2.1 在被测通道(序号 n)测试波长 λ_n 处的插入损耗 $IL(\lambda_n)$ 并记录。

3.2.2 将宽带光源输出接口用测试光纤连接至被测通道的相邻通道(序号 $n-1$),在复用器的输出端测试波长 λ_n 处的插入损耗 $IL_{n-1}(\lambda_n)$ 并记录。

3.2.3 将宽带光源输出接口用测试光纤连接至被测通道的相邻通道(序号 $n+1$),在复用器的输出端测试波长 λ_n 处的插入损耗 $IL_{n+1}(\lambda_n)$ 并记录。

3.2.4 根据测试需要,按本方法 3.2.1~3.2.3 的规定,测试复用器其他通道。

4 测试要求

4.0.1 应按照 WDM 光纤传输系统通道插入损耗测试的方法测试插入损耗。

4.0.2 对于只有单个相邻通道的被测通道,应只测试其单个相邻通道的插入损耗。

5 计算

5.0.1 解复用器相邻通道隔离度测试结果应按式(T 8217-1)计算:
$$ISOL_n = \min\{IL(\lambda_{n-1}) - IL(\lambda_n), IL(\lambda_{n+1}) - IL(\lambda_n)\} \quad (\text{T 8217-1})$$
式中:$ISOL_n$——被测通道(序号 n)的相邻通道隔离度(dB);
$IL(\lambda_{n-1})$——被测通道(序号 n)在波长 λ_{n-1} 处的插入损耗(dB);

$IL(\lambda_{n+1})$——被测通道(序号 n)在波长 λ_{n+1} 处的插入损耗(dB);

$IL(\lambda_n)$——被测通道(序号 n)在波长 λ_n 处的插入损耗(dB)。

条文说明

被测通道的相邻通道隔离度测试结果为两个相邻通道隔离度中的最差值。

5.0.2 复用器相邻通道隔离度测试结果应按式(T 8217-2)计算:

$$ISOL_n = \min\{IL_{n-1}(\lambda_n) - IL(\lambda_n), IL_{n+1}(\lambda_n) - IL(\lambda_n)\} \quad (\text{T 8217-2})$$

式中:$ISOL_n$——被测通道(序号 n)的相邻通道隔离度(dB);

$IL_{n-1}(\lambda_n)$——光源输入相邻通道(序号 $n-1$)时,被测通道(序号 n)在波长 λ_n 处的插入损耗(dB);

$IL_{n+1}(\lambda_n)$——光源输入相邻通道(序号 $n+1$)时,被测通道(序号 n)在波长 λ_n 处的插入损耗(dB);

$IL(\lambda_n)$——被测通道(序号 n)在波长 λ_n 处的插入损耗(dB)。

条文说明

被测通道的相邻通道隔离度测试结果为两个相邻通道隔离度中的最差值。

6 测试结果

6.0.1 测试结果为相邻通道隔离度计算结果,单位为 dB,测试结果数值修约间隔为 0.1。

T 8218—2021 固定电话交换系统局内障碍率、接通率测试

1 适用范围

1.0.1 本方法适用于固定电话交换系统局内障碍率、接通率测试。

条文说明

固定电话交换系统包含为普通电话业务终端用户提供话音业务的程控交换系统和软交换系统。

2 仪器设备

2.0.1 模拟呼叫器:具有不少于 40 路呼叫测试能力;可统计分析呼叫总次数、障碍次数、接通次数等指标。

3 测试方法

3.0.1 将模拟呼叫器的测试线与被测固定电话交换系统设备用户接口连接,测试用户数量不宜少于40个,且应是偶数。

条文说明

测试用户数量为偶数便于在测试用户间组对。

3.0.2 模拟呼叫的用户号码分配宜集中在特定的组群范围内,也可在全局用户号码中均匀分布。

条文说明

模拟呼叫的用户号码分配有两种方法:一种是在全局用户号码中均匀分布,另一种是集中在特定组群范围内,实际测试中根据情况选择适宜的方法。

3.0.3 应将全部测试用户平均分为A组和B组,设置模拟呼叫器的呼叫测试程序:首先A组用户发起呼叫B组用户,每个话路接通后保持10s,拆线,间隔2s后,B组用户发起呼叫A组用户,每个话路接通后保持10s,拆线,间隔2s。循环上述呼叫测试程序。

3.0.4 开始测试,连续呼叫总次数达到测试要求后,应停止测试,记录呼叫总次数、呼叫故障次数、呼叫接通次数。

4 测试要求

4.0.1 模拟呼叫器的信令方式等参数应与被测系统设备一致。

4.0.2 呼叫测试程序中,A组用户发起呼叫B组用户和B组用户发起呼叫A组用户时,可将A组用户按A_1、A_2、……、A_n进行编号,将B组用户按B_1、B_2、……、B_n进行编号,呼叫测试时,宜设置A_1与B_1、A_2与B_2、……、A_n与B_n分别成对相互呼叫。

4.0.3 连续呼叫总次数不应小于100 000次。

5 计算

5.0.1 局内障碍率测试结果应按式(T 8218-1)计算:

$$\eta_e = \frac{N_e}{N} \qquad (T\ 8218\text{-}1)$$

式中：η_e——局内障碍率；
　　　N_e——呼叫障碍次数；
　　　N——呼叫总次数。

5.0.2 接通率测试结果应按式(T 8218-2)计算：

$$\eta_s = \frac{N_s}{N} \times 100\% \qquad (T\ 8218\text{-}2)$$

式中：η_s——局内接通率；
　　　N_s——呼叫接通次数；
　　　N——呼叫总次数。

6 测试结果

6.0.1 局内障碍率测试结果数值应按科学记数法表示，保留三位有效数字。

6.0.2 接通率测试结果用百分数表示，测试结果数值修约间隔为0.001。

T 8219—2021　通信电源直流输出端电话衡重杂音电压测试

1 适用范围

1.0.1 本方法适用于通信电源直流输出端的电话衡重杂音电压测试。

2 仪器设备

2.0.1 杂音计：具有电话衡重杂音测试功能；600Ω输入阻抗；有效值特性误差优于±0.3dB。

条文说明

杂音计的计量性能要求参考《杂音计校准规范》(JJF 1167)。

2.0.2 电容器：2μF/100V 无极性。

3 测试方法

3.0.1 测试连接示意如图 T 8219-1 所示。

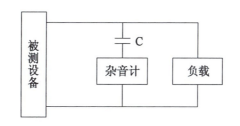

图 T 8219-1　电话衡重杂音电压测试连接示意图

条文说明

图中 C 为规定的电容器。

3.0.2 应在杂音计测试输入端串联 2μF/100V 无极性电容器,按测试连接示意图连接杂音计。

3.0.3 选择杂音计的电话衡重杂音测试模式,开始测试,读取电话衡重杂音电压测试值并记录。

4　测试要求

4.0.1 杂音计接入被测设备输出端时,测试线应尽可能短。

4.0.2 测试时,负载应为被测通信电源直流输出端正常运行状态下的负载。

5　测试结果

5.0.1 测试结果为电话衡重杂音电压测试值,单位为 mV,测试结果数值修约间隔为 0.1。

T 8220—2021　通信电源直流输出端频带内峰-峰值杂音电压测试

1　适用范围

1.0.1 本方法适用于通信电源直流输出端叠加的 0~20MHz 频带内的峰-峰值杂音电压测试。

2　仪器设备

2.0.1　示波器:宜采用模拟示波器;具有 20MHz 带宽限制;水平扫描速度不大于 0.5s;ΔV 幅度测量误差不超过 ±2%。

条文说明

示波器的计量性能要求参考《模拟示波器检定规程》(JJG 262)和《数字存储示波器校准规范》(JJF 1057)。

2.0.2 电容器:2μF/100V 无极性。

3 测试方法

3.0.1 测试连接示意如图 T 8220-1 所示。

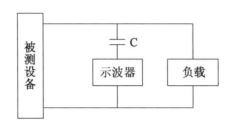

图 T 8220-1 峰-峰值杂音电压测试连接示意图

条文说明

图中 C 为规定的电容器。

3.0.2 应在示波器测量输入端串联 2μF/100V 无极性电容器,按测试连接示意图连接示波器。

3.0.3 设置示波器 20MHz 带宽限制,水平扫描速度低于 0.5s,开始测试,待峰-峰值杂音电压波形清晰稳定时,读取峰-峰值电压测试值并记录。

4 测试要求

4.0.1 示波器测量探头应尽可能短或绞绕接入被测设备输出端。

4.0.2 示波器采用市电供电时,应经隔离变压器与市电隔离,示波器机壳不应接地。

条文说明

电池供电的示波器无须采取与市电隔离的措施。

4.0.3 测试时,负载应为被测通信电源直流输出端正常工作状态下的负载。

5 测试结果

5.0.1 测试结果为峰-峰值电压测试值,单位为 mV,测试结果数值修约间隔为 0.1。

6 收费设施测试

T 8301—2021 车道软件处理流程及基本功能测试

1 适用范围

1.0.1 本方法适用于入口、出口收费车道处理流程及基本功能的测试。

条文说明

收费车道包括 ETC 专用车道、ETC/MTC 混合车道以及 MTC 车道等。

2 测试方法

2.0.1 测试前应记录收费车道软件及系统参数的当前版本信息。

2.0.2 数据接收功能应按下列规定测试：

1 在被测收费车道核验收费站或收费（分）中心向所辖收费车道下发的系统参数及相关信息。
2 在被测收费车道核验系统时钟。
3 在被测出口车道进行车辆处理流程操作，核验费额信息的执行情况。
4 在被测出口车道进行优惠车辆处理流程操作，核验优惠信息的执行情况。
5 在被测收费车道进行状态名单车辆处理流程操作，核验状态名单信息的执行情况。

条文说明

1 相关信息包括通知、广播、优惠信息等。

2.0.3 数据上传功能测试：核验在收费站或收费（分）中心查询的被测收费车道车辆通行数据与收费车道数据的一致性。

2.0.4 入口收费车道处理流程测试：在被测入口收费车道模拟对通过的车辆进行相关

处理流程的操作。主要类型车辆处理流程测试频次不应少于1次。

条文说明

ETC入口车道处理流程包括车载单元读写、摄像机图像抓拍及电动栏杆的动作等。MTC入口车道处理流程包括通行卡(CPC卡或纸质通行券)的读写、车辆信息的判断和修改、摄像机图像抓拍及电动栏杆的动作等。

ETC车辆主要类型包括客车、货车、专项作业车等正常车辆和主要特情车辆(OBU未插用户卡、OBU故障、OBU或用户卡过期、储值卡余额为零、OBU拆卸、卡签不一致、状态名单等)、闯关车等。MTC车辆主要类型包括客车、货车、专项作业车等正常车辆和公务车、军警车、车队、闯关车等。

2.0.5 出口收费车道处理流程测试:在被测出口收费车道模拟对通过的车辆进行相关处理流程的操作。主要类型车辆处理流程测试频次不应少于1次。

条文说明

ETC出口车道处理流程包括车载单元读写、摄像机图像抓拍、费额显示及电动栏杆的动作等。MTC出口车道处理流程包括通行卡(CPC卡或纸质通行券)的读写、车辆信息的判断和修改、摄像机图像抓拍、费额显示、票据打印及电动栏杆的动作等。

ETC车辆主要类型包括客车、货车、专项作业车等正常车辆和主要特情车辆(OBU未插用户卡、OBU故障、OBU或用户卡过期、储值卡余额不足、OBU拆卸、卡签不一致、状态名单等)、闯关车等。MTC车辆主要类型包括客车、货车、专项作业车等正常车辆和主要特情车辆(车辆信息不符、无入口信息、丢卡、坏卡等)、公务车、军警车、车队、拖车、闯关车等。

3 测试要求

3.0.1 对被测入口车道与出口车道宜进行合理组合测试。

条文说明

为提高测试效率,通常按就近原则对被测入口车道与出口车道进行合理组合测试,如在某被测入口车道验证入口处理流程,可以在邻近收费站的被测出口车道验证对应的出口处理流程。

4 测试结果

4.0.1 应以实际(模拟)操作与规定流程或功能是否一致作为测试结果。

T 8302—2021 收费站软件基本功能测试

1 适用范围

1.0.1 本方法适用于收费站软件基本功能测试。

2 测试方法

2.0.1 测试前应记录收费站软件及系统参数的当前版本信息。

2.0.2 原始数据查询统计功能应按下列规定测试：
1 在被测收费站查询各车道收费记录，按规定的要素统计并输出相关报表。
2 在被测收费站查询通行卡发放、回收记录，按规定的要素统计并输出相关报表。
3 根据上述报表的相关性核验各报表统计数据的准确性。

2.0.3 与车道控制机的数据通信功能应按下列规定测试：
1 在被测收费站和所辖收费车道核验系统参数及相关信息的一致性。
2 在被测收费站所辖收费车道内进行收费流程操作，记录收费流程产生的信息及当前收费车道的工作状态，在收费站内核验信息的一致性。

条文说明

1 系统参数及相关信息包括状态名单、费额信息、优惠信息、时钟等。流程操作信息包括车辆信息、通行费金额、收费车道工作状态等。

2.0.4 与收费（分）中心数据通信功能应按下列规定测试：
1 在收费（分）中心和所辖收费站核验系统参数及相关信息的一致性。
2 根据历史数据核验被测收费站和所属收费（分）中心的收费数据的一致性，至少应包含通行费、车流量、通行卡等数据。

2.0.5 断网数据上传功能测试：人工操作改变被测收费站与收费（分）中心（或其他上级机构）网络的连接状态，核验上传和接收数据的完整性。

条文说明

改变网络连接状态的人工操作包括断开网络-正常操作-连接网络、正常操作-断开网络-连接网络、断开网络-连接网络-正常操作。

2.0.6 查看特殊事件功能测试:核验被测收费站内统计查询的非正常处理流程记录与收费车道内记录的非正常处理流程信息的一致性。

条文说明

查看特殊事件功能测试中的非正常处理流程记录主要包括入出口车辆信息不符、支付不足或无支付、丢/坏卡、军警车、公务车、车队、绿通车、拖车、闯关车、超时等处理流程记录。

2.0.7 打印报表功能测试:在被测收费站打印测试需要的报表。

条文说明

测试需要的报表至少包括通行费收入的班次/日/月/年报表、车流量的班次/日/月/年报表、通行卡管理统计报表等。

2.0.8 车道状态的实时监控功能测试:在被测收费站查看车道软件系统参数、硬件设备状态,核验与实际车道状态的一致性。

2.0.9 图像稽查功能测试:在被测收费站按时间、班次、车道等要素查询入、出口车道车辆图像。

3 测试要求

3.0.1 断网数据上传功能测试时,应进行能够产生传输数据的操作。

条文说明

能够产生传输数据的操作如车道正常处理流程操作。

4 测试结果

4.0.1 应以实际(模拟)操作与规定的功能是否一致作为测试结果。

T 8303—2021 收费(分)中心软件基本功能测试

1 适用范围

1.0.1 本方法适用于收费(分)中心软件基本功能测试。

2 测试方法

2.0.1 测试前应记录收费(分)中心软件及系统参数的当前版本信息。

2.0.2 与收费站数据通信功能应按下列规定测试:
1 在收费(分)中心和所辖收费站核验系统参数及相关信息的一致性。
2 根据历史数据核验被测收费(分)中心和所辖收费站的收费数据的一致性,至少应包含通行费、车流量、通行卡等数据。

条文说明

1 系统参数及相关信息包括状态名单、费额信息、优惠信息、时钟等。

2.0.3 报表统计管理与打印功能应按下列规定测试:
1 按测试要求的检索条件,查询具有相关性的报表。
2 设定统计条件,统计相应的报表。
3 根据上述报表的相关性核验各报表查询统计数据的准确性。
4 发送打印报表的指令,核验打印结果。

2.0.4 通行卡管理功能测试:查询历史数据或模拟操作,核验通行卡入库、出库、发放、调拨、回收报表的准确性。应按下列规定模拟操作:
1 对一批区别于目前在用的通行卡进行入库操作。
2 对入库的通行卡进行发放和调拨操作。
3 对通行卡入库、发放和调拨的操作记录和库存量进行核对。

3 测试结果

3.0.1 应以实际(模拟)操作与规定流程或功能是否一致作为测试结果。

T 8304—2021 车牌识别准确率测试

1 适用范围

1.0.1 本方法适用于汽车号牌视频自动识别系统的车牌识别准确率测试。

2 测试方法

2.0.1 测试宜选择在实际通车运营的车道上进行,以测试期间车道上实际通行的车辆信息为样本进行采集识别。

2.0.2 达到连续测试时间和规定的样本数量要求后,应停止测试,将测试时间内所有的汽车号牌识别记录从被测系统中导出,同时提取在测试时间内拍摄的实际车辆通行录像或图片。

2.0.3 应人工识别录像或图片,将车辆未安装号牌、号牌被遮挡、严重污损等无法人工识别的样本作为无效样本。

2.0.4 应将人工识别录像或图片的车牌信息与被测系统相应识别记录进行比对,信息一致的样本作为正确识别样本。

条文说明

信息一致包括车牌号码和车牌颜色均一致。

2.0.5 应统计全部样本数量、无效样本数量和正确识别样本数量并记录。

条文说明

全部样本包括车牌自动识别系统未捕获的车辆样本。

3 测试要求

3.0.1 不宜在有视程障碍现象的天气条件下进行测试。

3.0.2 连续测试时间宜≥24h,且采集样本数量不少于规定数量。

条文说明

汽车号牌视频自动识别系统的车牌识别性能受外界光照条件影响较大,连续测试时间要考虑一天内各种光照条件对测试结果的影响。

4 计算

4.0.1 车牌识别准确率测试结果应按式(T 8304-1)计算:

$$\eta = \frac{N_R}{N - N'} \times 100\% \quad \quad (T\ 8304\text{-}1)$$

式中:η——车牌识别准确率;
N_R——正确识别样本数量;
N'——无效样本数量;
N——全部样本数量。

5 测试结果

5.0.1 测试结果为车牌识别准确率计算结果,用百分数表示,测试结果数值修约间隔为0.1。

T 8305—2021 ETC收费车道路侧单元(RSU)通信区域测试

1 适用范围

1.0.1 本方法适用于ETC收费车道内RSU通信区域范围的测试。

1.0.2 本方法规定了采用车载单元(OBU)测试和场强测试两种方法。

条文说明

路侧单元(RSU)通信区域测试可以选择采用车载单元(OBU)测试或场强测试方法。当出现争议时,以场强测试方法为仲裁方法。

2 仪器设备

2.1 采用车载单元(OBU)测试用仪器设备

2.1.1 车载单元:可独立使用。

条文说明

可独立使用的车载单元是指未固定安装在车辆上,已屏蔽防拆卸功能,并可与RSU正常通信的车载单元。

2.1.2 卷尺(钢或纤维):测量范围0~20m;钢卷尺计量性能应满足现行《钢卷尺检定规程》(JJG 4)规定的Ⅱ级要求;纤维卷尺计量性能应满足现行《纤维卷尺、测绳检定规程》(JJG 5)规定的2级要求。

2.2 场强测试用仪器设备

2.2.1 频谱分析仪:具有场强测试功能;频率范围应覆盖5~6GHz;分辨力带宽10Hz~2MHz。

条文说明

频谱分析仪的计量性能要求参考《频谱分析仪校准规范》(JJF 1396)。

2.2.2 全向测试天线:频率范围应覆盖5~6GHz;已知天线系数。

条文说明

全向测试天线的天线系数校准频率点至少要包括测试需要的频率点。

2.2.3 卷尺(钢或纤维):测量范围0~20m;钢卷尺计量性能应满足现行《钢卷尺检定规程》(JJG 4)规定的Ⅱ级要求;纤维卷尺计量性能应满足现行《纤维卷尺、测绳检定规程》(JJG 5)规定的2级要求。

3 测试方法

3.1 采用车载单元(OBU)测试

3.1.1 应确认测试用OBU能够与RSU进行通信。

3.1.2 按图T 8305-1,根据RSU安装位置、线圈设置位置,在车道内标记RSU通信区域测试范围,长度至少为行车方向首个触发线圈位置到RSU投影点位置距离;在测试范围内以距离RSU投影点0.5m处的位置为起点,按不大于1.0m等间距标记测试线1至测试线n。

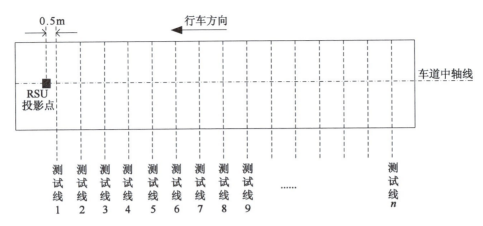

图 T 8305-1 RSU 通信区域测试示意图

条文说明

通信区域测试范围的宽度一般要求和车道宽度相同。

3.1.3 应将被测车道 RSU 设置为连续发射工作信号状态。

3.1.4 在测试线 1 的车道中轴线位置,保持 OBU 距离水平地面 1.2m 高度处,由车道中轴线位置先后分别向车道两边缘缓慢移动 OBU,查找 RSU 发射信号无法与 OBU 通信的边界点,用卷尺分别测量两侧边界点至车道中轴线的距离并记录。

3.1.5 应依次在测试线 2 至测试线 n,重复本方法 3.1.4 的规定。

3.2 场强测试

3.2.1 应按本方法 3.1.2 的规定做好相应测试标记。

3.2.2 宜将被测 RSU 设置为连续发射载波信号状态;无法设置发射载波信号时,可设置为连续发射工作信号状态。

3.2.3 将测试天线连接至频谱分析仪,设置频谱分析仪的相应参数(天线系数、场强测量)。

3.2.4 在测试线 1 的车道中轴线位置,保持测试天线距离水平地面 1.2m 高度处,由车道中轴线位置先后分别向车道两边缘缓慢移动测试天线,测量 RSU 发射信号场强,查找场强降低至规定最小值的边界点,用卷尺分别测量两侧边界点至车道中轴线的距离并记录。

条文说明

边界点是信号强度降低至规定最小值的位置。按《收费公路联网电子不停车收费技术要求》(交通运输部 2011 年第 13 号公告),规定的场强最小值为 113dBμV/m。

3.2.5 应依次在测试线 2 至测试线 n,重复本方法 3.2.4 的规定。

4 测试要求

4.0.1 测试时,被测收费车道内应无车辆或影响测试的金属物品。

5 测试结果

5.0.1 测试结果为所有测试线上查找到的信号强度边界点在测试区域的分布位置,单位为 m,测试结果数值修约间隔为 0.01,也可采用通信区域图进行表达。

条文说明

测试结果表示了 RSU 发射信号在车道矩形区域内的覆盖状况。

T 8306—2021 ETC 收费车道跟车干扰交易流程测试

1 适用范围

1.0.1 本方法适用于 ETC 收费车道内车辆跟车干扰交易流程的测试。

2 仪器设备

2.0.1 正常状态测试车辆:安装可正常交易车载单元的客车或货车 1 辆。

2.0.2 异常状态测试车辆:未安装车载单元或安装的车载单元无法正常交易的客车或货车 1 辆。

条文说明

无法正常交易的车载单元指未插 ETC 用户卡、故障、不在有效期内、已拆卸、状态名单、卡签车牌不一致的 OBU。

2.0.3 连接牵引装置:宜选择硬连接牵引装置,长度应按测试需求选择,一般可选择 (1.8 ± 0.2) m。

条文说明

硬连接牵引装置可使测试车辆跟随距离和行驶速度保持稳定。

3 测试方法

3.1 正常状态车辆跟随异常状态车辆干扰交易流程测试

3.1.1 应将连接牵引装置牢固安装至两辆测试车辆之间,前车为异常状态测试车辆,后车为正常状态测试车辆。

3.1.2 前车应以测试要求的行驶速度拖拽后车,进入 ETC 车道,验证前车是否被错误放行,且车道信息显示正确。

3.1.3 应记录前车、后车的交易结果和车道信息显示结果。

3.2 异常状态车辆跟随正常状态车辆干扰交易流程测试

3.2.1 应将连接牵引装置牢固安装至两辆测试车辆之间,前车为正常状态测试车辆,后车为异常状态测试车辆。

3.2.2 前车应以测试要求的行驶速度拖拽后车,进入 ETC 车道,验证前车是否交易通行,后车是否被错误放行,且车道信息显示正确。

3.2.3 应记录前车、后车的交易结果和车道信息显示结果。

4 测试结果

4.0.1 测试结果为测试车辆的交易结果。

条文说明

车道识别出后车为 ETC 异常状态车辆,并采取拦截措施,但因电动栏杆防砸功能启用,导致后车被放行,可以视为正确响应。

T 8307—2021 ETC 系统路侧单元(RSU)工作信号强度测试

1 适用范围

1.0.1 本方法适用于 ETC 系统路侧单元(RSU)工作信号强度的现场测试。

2 仪器设备

2.0.1 频谱分析仪:频率范围应覆盖 5~6GHz;分辨力带宽 10Hz~2MHz。

2.0.2 全向测试天线:频率范围应覆盖 5~6GHz;已知天线系数。

3 测试方法

3.0.1 设置频谱分析仪中心频率为信道工作标称频率。

条文说明

> 信道工作标称频率一般为 5.83GHz 或 5.84GHz。

3.0.2 根据测试要求,将测试天线放置于 RSU 通信区域内的测试位置,开始测试。

3.0.3 调整频谱分析仪功率幅度标尺至合适值,测量范围应覆盖被测信号。

3.0.4 设置扫频宽度为 5MHz,测试信道功率,读取测试值并记录。

4 测试要求

4.0.1 测试时应确保读取通信区域内最大信道功率。

4.0.2 被测 RSU 可采用工作信号作为被测信号。

条文说明

> 工程现场被测 RSU 通常处于在用状态,不便发射持续载波信号。

5 测试结果

5.0.1 测试结果为信道功率测试值,单位为 dBm,测试结果数值修约间隔为 0.1。

T 8308—2021 ETC 系统路侧单元(RSU)工作频率及频率容限测试

1 适用范围

1.0.1 本方法适用于 ETC 系统路侧单元(RSU)工作信号频率及频率容限的现场测试。

2 仪器设备

2.0.1 频谱分析仪:频率范围应覆盖 5~6GHz;分辨力带宽 10Hz~2MHz。

2.0.2 全向测试天线:频率范围应覆盖 5~6GHz;已知天线系数。

3 测试方法

3.0.1 设置频谱分析仪中心频率为信道工作标称频率。

条文说明

信道工作标称频率一般为 5.83GHz 或 5.84GHz。

3.0.2 根据测试要求,将测试天线放置于 RSU 通信区域内的测试位置,开始测试。

3.0.3 设置扫频宽度为 5MHz,读取信号主纵模峰值处频率值并记录。

4 测试要求

4.0.1 被测 RSU 可采用工作信号作为被测信号。

条文说明

工程现场被测 RSU 通常处于在用状态,不便发射持续载波信号。

5 计算

5.0.1 频率容限测试结果应按式(T 8308-1)计算:

$$f_r = \frac{f_1 - f_0}{f_0} \times 10^6 \qquad (\text{T 8308-1})$$

式中:f_r——频率容限;
f_1——频谱分析仪测试的工作信号频率(Hz);
f_0——RSU 工作信号标称频率(Hz)。

6 测试结果

6.0.1 工作信号频率测试结果为信号主纵模峰值处频率测试值,单位为 Hz,测试结果数值修约间隔为 1。

6.0.2 频率容限测试结果用百万分数表示,测试结果数值修约间隔为 0.01。

T 8309—2021　ETC系统路侧单元(RSU)通信流程测试

1　适用范围

1.0.1　本方法适用于ETC系统路侧单元(RSU)通信流程(协议一致性)的测试。

2　仪器设备

2.0.1　频谱分析仪:频率范围应覆盖5~6GHz;分辨力带宽10Hz~2MHz;具有矢量信号分析和存储功能。

2.0.2　全向测试天线:频率范围应覆盖5~6GHz;已知天线系数。

2.0.3　车载单元:可独立使用。

3　测试方法

3.0.1　设置频谱分析仪中心频率为信道工作标称频率。

条文说明

　　信道工作标称频率一般为5.83GHz或5.84GHz。

3.0.2　根据测试要求,将测试天线放置于RSU通信区域内的测试位置,开始测试。

3.0.3　设置频谱分析仪为记录模式,扫频宽度应大于5MHz,使用解调模式输出解调后的编码信号,开始测试。

条文说明

　　解调后的编码信号为FM0编码。

3.0.4　将正常交易的车载单元(OBU)放入通信区域的测试位置和RSU进行交互。

条文说明

　　正常交易的OBU指在测试位置RSU可以读取或写入正常交易信息的OBU。

3.0.5 将存储的编码信号解码为信息源码并记录输出结果。

条文说明

存储的编码信号按相应的解码规则解码为信息源码。

4 测试结果

4.0.1 以输出的信息源码是否符合电子收费专用短程通信应用层服务原语的数据结构作为测试结果。

条文说明

应用层服务原语包括 BST、GetSecure. request、TransferChannel. request、SetMMI. request、Event_Report 等。

7 供配电设施测试

T 8401—2021 电能质量测试

1 适用范围

1.0.1 本方法适用于变压器低压 380V 侧 50Hz 交流供电系统中电能质量参数测试，包括输出电压、输出频率、频率偏差、电压偏差、三相电压不平衡度、谐波等。

条文说明

通常在供配电房既有低压配电设施，也有中压配电设施，本方法只针对变压器低压侧电能质量参数的测试。

2 仪器设备

2.0.1 电能质量分析仪应满足下列技术要求：
1. 级别：A 级。
2. 电压最大允许误差：±0.1%。
3. 频率最大允许误差：±0.01Hz。
4. 谐波测量：直流和 1~50 次谐波。
5. 三相电压不平衡度最大允许误差：±0.15%。
6. 三相电流不平衡度最大允许误差：±1%。

条文说明

电能质量分析仪 A 级的含义包括：符合《电磁兼容 试验和测量技术 电能质量测量方法》(GB/T 17626.30—2012) 中 A 类测量方法要求，符合《电能质量监测设备通用要求》(GB/T 19862—2016) 中 A 级设备要求。电能质量分析仪的计量性能要求参考《电能质量测试分析仪检定规程》(DL/T 1028)。

3 测试方法

3.0.1 应按 A、B、C 和 N 的顺序，将电能质量分析仪的电压、电流互感器（传感器）连接在被测设备或系统的对应线路上。

3.0.2 必须再次检查确认仪器设备端和被测系统线路侧所有接线连接正确。

3.0.3 启动电能质量分析仪开始测试,应根据测试要求选择测试参数,有效数据采集时间应不少于10min。

条文说明

通常在测试电流时同步测试电压,这样可以将被测导体的电流测试结果与该导体和参考导体(如接地导线或中性点导线)之间的电压联系起来。

3.0.4 数据采集结束后应保存测试数据。

4 测试要求

4.0.1 测试前,测试人员必须穿戴绝缘安全防护用品。

4.0.2 应确认电能质量分析仪及电压、电流互感器(传感器)技术参数满足测试要求。

4.0.3 测试可在单相供电系统中进行,也可在多相供电系统中进行。

4.0.4 应根据测试需求确定测试相导线和中性点之间的电压(相-中性点电压),或相导线之间的电压(线间电压),或相导线、中性点和接地之间的电压(相-接地电压、中性点-接地电压)。

4.0.5 测试过程中,应确保被测系统的完整性,供电系统负载应按测试要求的工况正常运行。

条文说明

通常的测试工况下,供电系统负载包含主要用电负载类型,如隧道机电系统中的照明设施和通风设施。

5 测试结果

5.0.1 对有效采集时间内的测试数据计算平均值,作为测试结果。

5.0.2 输出电压测试结果的单位为V,测试结果数值修约间隔为0.1。

5.0.3 输出频率测试结果的单位为 Hz,测试结果数值修约间隔为 0.01。

5.0.4 电压偏差(率)的测试结果用百分数表示,测试结果数值修约间隔为 0.01。

5.0.5 频率偏差测试结果的单位为 Hz,测试结果数值修约间隔为 0.01。

5.0.6 三相电压不平衡度的测试结果用百分数表示,测试结果数值修约间隔为 0.01。

5.0.7 谐波电压含有率的测试结果用百分数表示,测试结果数值修约间隔为 0.001。

5.0.8 谐波电流测试结果的单位为 A,测试结果数值修约间隔为 0.001。

条文说明

目前的电能分析仪多数为自动采集、分析和计算结果。测试完成后,可以直接输出测试结果。

8 照明设施测试

T 8501—2021 路面照度测试

1 适用范围

1.0.1 本方法适用于路面(不含隧道路面)平均照度、照度总均匀度的测试。

2 仪器设备

2.0.1 光照度计:计量性能应满足现行《光照度计检定规程》(JJG 245)规定的一级要求;分辨力≤0.1lx。

2.0.2 卷尺(钢或纤维):测量范围 0~50m;钢卷尺计量性能应满足现行《钢卷尺检定规程》(JJG 4)规定的Ⅱ级要求;纤维卷尺计量性能应满足现行《纤维卷尺、测绳检定规程》(JJG 5)规定的 2 级要求。

3 测试方法

3.0.1 测试区域纵向应为被测试路段同一侧两根灯杆之间的区域。测试收费车道路面照明时,纵向区域应为收费车道位于收费天棚下方的区域。

条文说明

测试区域纵向为沿行车方向。

3.0.2 当灯具采用单侧布设方式时,测试区域横向应为整条路宽。

3.0.3 当灯具采用对称、交错、中心方式布设,被测试路段总车道数为偶数时,测试区域横向宜选取 $K/2$ 条车道(K 为被测试路段的总车道数);被测试路段总车道数为奇数时,测试区域横向宜选择包括完整中间车道在内的 $(K+1)/2$ 条车道。

条文说明

灯具采用对称、交错、中心布设方式时,测试半幅道路照明基本能够代表道路整体的照明状况。总车道数为偶数时，横向区域包括被测试路段路面中线某一侧的全部车道；总车道数为奇数时，横向区域包括被测试路段路面中线某一侧的全部车道和完整的中间车道。

3.0.4 应将测试区域内的每条车道纵向间距 M 等分，横向间距 N 等分，使测试区域内每条车道形成 $M \times N$ 的网格，整个测试区域共形成 $k \times M \times N$ 个网格（k 为测试区域内包含的车道数）。

3.0.5 在每个网格中心用光照度计测量路面照度，读取每个网格中心路面照度测试值并记录，同时记录对应的网格位置。

条文说明

照度测量可以采用中心布点法和四角布点法两种方法，考虑工程现场实施和后期数据处理的便捷，本方法采用中心布点法测量照度。

4 测试要求

4.0.1 不宜在有雨、雪、视程障碍现象等天气条件下进行测试。

4.0.2 路面照度测试应选择夜间进行，开启所有照明灯具，测试区域内应无故障灯具、无其他光源影响。

4.0.3 测试区域宜选择在灯具间距、高度、悬挑、仰角和光源一致性等方面能代表被测试路段的典型区域。

4.0.4 对测试区域划分网格时，M 宜取 10，N 宜取 3。当纵向测试距离大于 50m 时，M 的取值应保证纵向等分间距不大于 5m。

条文说明

根据测试需求，对准确度要求较高时，划分的网格数可以适当增加。

4.0.5 现场进行测试时，应确保灯具发光处于稳定状态。

条文说明

一般气体放电灯光源燃点 40min 后处于稳定状态，LED 光源燃点 10min 后处于稳定状态。

4.0.6 照度测点高度应为路面。

4.0.7 测试时,测试人员或车辆不应遮挡或干扰被测点处照明。

5 计算

5.1 路面平均照度

5.1.1 当测试区域横向为整条路宽或 $K/2$ 条车道时,路面平均照度的测试结果应按式(T 8501-1)计算。

$$E_{av} = \frac{\sum E_i}{k \cdot M \cdot N} \qquad (\text{T 8501-1})$$

式中:E_{av}——路面平均照度(lx);
　　　E_i——在第 i 个测点(网格中心点)上的路面照度(lx);
　　　k——测试区域内包含的车道数;
　　　M——测试车道纵向等分数;
　　　N——测试车道横向等分数。

条文说明

测试区域横向为 $K/2$ 条车道,是指被测路段总车道数为偶数时,测试区域横向选取半幅道路宽度,其中 K 为被测路段的总车道数。

5.1.2 当测试区域横向为包括完整中间车道在内的 $(K+1)/2$ 条车道时,路面平均照度测试结果应按式(T 8501-2)计算。

$$E_{av} = \frac{2 \times \sum E_i + \sum E_j}{K \cdot M \cdot N} \qquad (\text{T 8501-2})$$

式中:E_{av}——路面平均照度(lx);
　　　E_i——位于非中心车道区域内的第 i 个测点(网格中心点)上的路面照度(lx);
　　　E_j——位于中心车道区域内的第 j 个测点(网格中心点)上的路面照度(lx);
　　　K——被测路段的总车道数;
　　　M——测试车道纵向等分数;
　　　N——测试车道横向等分数。

条文说明

测试区域横向为包括完整中间车道在内的 $(K+1)/2$ 条车道,是指被测路段总车道数为奇数时,测试区域选取被测试路段断面中心线某一侧的全部车道和完整的中间车道。

5.2 路面照度总均匀度

5.2.1 路面照度总均匀度测试结果应按式(T 8501-3)计算。

$$U = \frac{E_{min}}{E_{av}} \tag{T 8501-3}$$

式中：U——路面照度总均匀度；
E_{min}——所有测点路面照度的最小值(lx)；
E_{av}——路面平均照度(lx)。

6 测试结果

6.0.1 路面平均照度结果的单位为 lx,测试结果数值修约间隔为 0.1。

6.0.2 路面照度总均匀度测试结果数值修约间隔为 0.01。

T 8502—2021 路面亮度测试

1 适用范围

1.0.1 本方法适用于路面(不含隧道路面)平均亮度、亮度总均匀度、亮度纵向均匀度的测试。

2 仪器设备

2.0.1 亮度计:成(影)像式亮度计,或垂直视场角小于或等于 2′的带望远镜头的亮度计;计量性能应满足现行《亮度计检定规程》(JJG 211)规定的一级要求。

2.0.2 卷尺(钢或纤维):测量范围 0～50m;钢卷尺计量性能应满足现行《钢卷尺检定规程》(JJG 4)规定的 Ⅱ 级要求;纤维卷尺计量性能应满足现行《纤维卷尺、测绳检定规程》(JJG 5)规定的 2 级要求。

3 测试方法

3.1 测试区域

3.1.1 测试区域的纵向范围应为从某一灯杆起 100m 内的区域,至少应包括被测试路段同一侧两根灯杆之间的区域。对于交错布灯,应以观测方向左侧灯杆为起点。

条文说明

测试区域纵向为沿行车方向。

3.1.2 测试区域的横向范围应为整条路宽。

3.2 测试区域内布点方法

3.2.1 在测试区域纵向，测点应等间距布置在测试区域纵向 100m 范围内。同一侧两相邻灯杆间距不大于 50m 时，相邻测点间距应为两灯杆间距离的 10 等分；两相邻灯杆间距大于 50m 时，相邻测点间距应不大于 5m。

3.2.2 在测试区域横向，每条车道内应至少布置 3 个测点，中间的测点应位于车道的中心线上，两侧的测点应分别位于距车道两侧边界线的 1/6 车道宽处。

条文说明

只进行路面亮度纵向均匀度测试时，横向只需在每条车道中心线布点。

3.3 路面平均亮度和路面亮度总均匀度测试

3.3.1 亮度计的观测点应在被测试道路内，纵向位置距测试区域第一排测量点 60m，横向位置距观测方向右侧路缘 1/4 路面宽度，高度距路面 1.5m。

3.3.2 开始测试，读取各测点路面亮度值并记录。

3.4 路面亮度纵向均匀度测试

3.4.1 亮度计的观测点应在被测试道路内，纵向位置距测试区域第一排测量点 60m，横向位置应位于每条被测试车道的中心线上，高度距路面 1.5m。

3.4.2 开始测试，读取每条车道中心线上各测点路面亮度值并记录。

4 测试要求

4.0.1 不宜在有雨、雪、视程障碍现象等天气条件下进行测试。

4.0.2 路面亮度测试应选择夜间进行,开启所有照明灯具,测试区域宜为直线路段,区域内应无故障灯具、无其他光源影响。

4.0.3 测试区域应具有典型性,宜选择在灯具的间距、高度、悬挑、仰角和光源一致性等方面能代表被测照明路段的典型区域。

4.0.4 路面亮度测试区域在测试期间应保持清洁和干燥。

条文说明

路面亮度与路面照度、表面光反射特性相关。当路面有积水或杂物时,会影响路面的反射特性,进而影响路面亮度的测试结果。

4.0.5 现场进行测试时,应确保灯具发光处于稳定状态。

4.0.6 观测方向应与道路车辆行驶方向保持一致。

4.0.7 双向通行的道路,当灯具采用单侧布设方式时,应对两个观测方向分别测试。

条文说明

双向通行的道路,当灯具采用单侧布设方式时,两个观测方向的路面亮度是不同的,需对两个方向分别测试。

5 计算

5.0.1 路面平均亮度测试结果应按式(T 8502-1)计算:

$$L_{av} = \frac{\sum L_i}{n} \quad (\text{T 8502-1})$$

式中:L_{av}——路面平均亮度(cd/m^2);
L_i——各测点路面亮度(cd/m^2);
n——测点总数。

5.0.2 路面亮度总均匀度测试结果应按式(T 8502-2)计算:

$$U_0 = \frac{L_{min}}{L_{av}} \quad (\text{T 8502-2})$$

式中:U_0——路面亮度总均匀度;
L_{min}——所有测点路面亮度的最小值(cd/m^2);

L_{av}——路面平均亮度(cd/m^2)。

5.0.3 车道路面亮度纵向均匀度应按式(T 8502-3)计算:

$$U_1 = \frac{L'_{min}}{L'_{max}} \quad (T\ 8502\text{-}3)$$

式中:U_1——车道路面亮度纵向均匀度;

L'_{min}——车道中心线上所有测点路面亮度的最小值(cd/m^2);

L'_{max}——车道中心线上所有测点路面亮度的最大值(cd/m^2)。

条文说明

被测区域内的每条车道对应一个路面亮度纵向均匀度。

5.0.4 路面亮度纵向均匀度测试结果为各车道路面亮度纵向均匀度中的最小值。

6 测试结果

6.0.1 路面平均亮度测试结果的单位为cd/m^2,测试结果数值修约间隔为0.01。

6.0.2 路面亮度总均匀度测试结果数值修约间隔为0.01。

6.0.3 路面亮度纵向均匀度测试结果数值修约间隔为0.01。

T 8503—2021 广场路面照度测试

1 适用范围

1.0.1 本方法适用于收费广场、服务区路面平均照度、照度总均匀度的测试。

2 仪器设备

2.0.1 光照度计:计量性能应满足现行《光照度计检定规程》(JJG 245)规定的一级要求;分辨力≤0.1lx。

2.0.2 卷尺(钢或纤维):测量范围0~50m;钢卷尺计量性能应满足现行《钢卷尺检定规程》(JJG 4)规定的Ⅱ级要求;纤维卷尺计量性能应满足现行《纤维卷尺、测绳检定规程》(JJG 5)规定的2级要求。

3 测试方法

3.0.1 对于完全对称布置照明装置的广场,测试区域可选择1/2的广场照明区域;对于非完全对称布置照明装置的广场,测试区域应选择整个广场照明区域。

3.0.2 应将测试区域纵向间距 M 等分,横向间距 N 等分,使测试区域形成 $M \times N$ 的网格。

条文说明

测试区域纵向通常为行车方向或观测方向。

3.0.3 应在每个网格中心用光照度计测试照度,读取测点路面照度测试值并记录,同时记录对应的网格位置。

条文说明

被测试广场路面照明区域为不规则区域时,路面照度的测点仅选择测试网格全部落在广场路面照明区域内的网格中心点。

4 测试要求

4.0.1 不宜在有雨、雪、视程障碍现象等天气条件下进行测试。

4.0.2 照度测试应选择夜间进行,开启所有照明灯具,测试区域内应无故障灯具、无其他光源影响。

4.0.3 对测试区域划分网格时,M 宜取 10,M 的取值应保证纵向等分间距不大于 6m;N 不宜小于 3,N 的取值应保证横向等分间距不大于 6m。

4.0.4 现场进行测试时,应确保灯具发光处于稳定状态。

4.0.5 照度测点高度应为路面。

4.0.6 测试时,测试人员或车辆不应遮挡或干扰被测点处照明。

5 计算

5.0.1 路面平均照度测试结果应按式(T 8503-1)计算:

$$E_{av} = \frac{\sum E_i}{n} \tag{T 8503-1}$$

式中:E_{av}——路面平均照度(lx);

E_i——在第 i 个测点上的路面照度(lx);

n——测点总数。

5.0.2 路面照度总均匀度测试结果应按式(T 8503-2)计算:

$$U = \frac{E_{\min}}{E_{av}} \quad \quad (T\ 8503\text{-}2)$$

式中:U——路面照度总均匀度;

$E_{\min}$——所有测点路面照度的最小值(lx);

E_{av}——路面平均照度(lx)。

6 测试结果

6.0.1 路面平均照度测试结果的单位为 lx,测试结果数值修约间隔为 0.1。

6.0.2 路面照度总均匀度测试结果数值修约间隔为 0.01。

9 隧道机电设施测试

T 8601—2021 隧道断面平均风速测试

1 适用范围

1.0.1 本方法适用于隧道通风系统按设计工况运行时的断面平均风速测试。

2 仪器设备

2.0.1 数字式风速表:测量最大风速不应小于30m/s;启动风速不应大于0.5m/s;最大允许误差为±(0.5m/s + 0.02×v)(v为标准风速)。

2.0.2 塔式水准标尺:标称长度5m;计量性能应符合现行《水准标尺检定规程》(JJG 8)的规定。

2.0.3 钢卷尺:测量范围0～10m;计量性能应满足现行《钢卷尺检定规程》(JJG 4)规定的Ⅱ级要求。

3 测试方法

3.1 多点法

3.1.1 在测试断面,测点分布应根据隧道主洞轮廓,将测试断面划分为16个测试区域,并将测点设于每个测试区域的形心,如图 T 8601-1 所示。

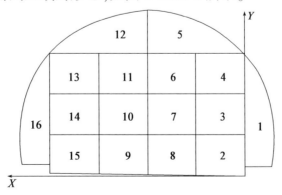

图 T 8601-1 多点法测试断面示意图

3.1.2 应根据通风系统设计工况,开启风机,待隧道断面流场均匀后开始测试。

条文说明

通常在风机开启30min后,隧道断面流场可以达到均匀。

3.1.3 应将风速表的传感器置于图T 8601-1中的各区域形心,测试方向应为隧道纵向,待风速表显示值相对稳定后,读取每个测点风速测试值并记录,同时记录对应的测试区域。

3.1.4 当测试断面基本对称时,可只测试半幅断面所包含各测试区域形心的风速值。

条文说明

测试半幅断面所包含区域为图T 8601-1中的1~8号区域或9~16号区域。

3.2 特征点法

3.2.1 对测试结果准确度要求不高时,可采用特征点法。特征点在测试断面中应位于建筑限界右顶角的右侧端点垂线上,高度距离检修道(人行道)上方250cm,如图T 8601-2所示。

图T 8601-2 特征点在公路隧道建筑限界中的位置示意图(尺寸单位:cm)

条文说明

满足充分紊流特征气流的边界层很薄,绝大多数区域速度相同,各点的风速相差不大。通过通风物理模型试验确定了特征点的位置,试验结果表明隧道断面风速平均值与隧道断面特征点区域的风速值接近,可以此点的测试值代表隧道断面的平均风速。

针对不同等级公路、不同车道数量的隧道,特征点横向位置可参照《公路隧道设计规范 第一册 土建工程》(JTG 3370.1—2018)的公路隧道建筑限界图得到。

3.2.2 应根据通风系统设计工况,开启风机,待隧道断面流场均匀后开始测试。

3.2.3 应将风速表的传感器置于测试断面特征点位置,测试方向为隧道纵向,待风速表显示值相对稳定后,读取特征点位置风速测试值并记录。

3.2.4 每个测试段应测试3个邻近断面,断面的间距宜为(100±10)m。

4 测试要求

4.0.1 测试断面应距离隧道入口、出口60m以上。

4.0.2 测试断面应距离风机出风口60m以上。

条文说明

风机在隧道内达到升压的最大值不是在风机的出风口处,而是在距风机出风口50~60m的地方,即在射流发展的主体段。

4.0.3 测试断面不应选择隧道主洞轮廓明显变化的区域。

4.0.4 在测试期间应保持隧道车行横洞、人行横洞等处于关闭状态。

5 计算

5.0.1 采用多点法时,断面平均风速测试结果应按式(T 8601-1)计算:

$$\bar{v} = \frac{\sum v_i S_i}{S} \tag{T 8601-1}$$

式中:$\bar{v}$——断面平均风速(m/s);
v_i——第 i 个测试区域的测点风速值(m/s);
S_i——第 i 个测试区域的面积(m^2);
S——所有测试区域的面积总和(m^2)。

5.0.2 采用特征点法时,断面平均风速测试结果应为邻近3个断面风速测试值的算术平均值。

6 测试结果

6.0.1 测试结果的单位为m/s,测试结果数值修约间隔为0.1。

T 8602—2021 隧道路面亮度测试

1 适用范围

1.0.1 本方法适用于隧道路面平均亮度、亮度总均匀度、亮度纵向均匀度的测试。

1.0.2 对测试结果准确度要求不高时，路面平均亮度可通过路面平均照度和换算系数计算得到，平均亮度与平均照度的换算系数宜通过现场实际测试得到。

条文说明

由于换算路面平均亮度的方法简化了对测试条件的要求，且不同测试路面材料、均匀度、磨损等情况也不相同，因此计算结果的准确度不高。

2 仪器设备

2.0.1 亮度计：成（影）像式亮度计，或垂直视场角小于或等于2′的带望远镜头的亮度计；计量性能应满足现行《亮度计检定规程》（JJG 211）规定的一级要求。

2.0.2 卷尺（钢或纤维）：测量范围0~50m；钢卷尺计量性能应满足现行《钢卷尺检定规程》（JJG 4）规定的Ⅱ级要求；纤维卷尺计量性能应满足现行《纤维卷尺、测绳检定规程》（JJG 5）规定的2级要求。

3 测试方法

3.1 测试区域

3.1.1 应在同一照明段内选择测试区域，测试区域不应包括可能受到相邻照明段影响的区域。

3.1.2 测试区域纵向的起点和终点宜选择同侧基本照明灯具所在位置对应的隧道横断面，纵向范围距离宜为100m。

3.1.3 纵向范围距离不足100m时，应选择被测试照明段内不包括第一组和最后一组灯具的照明区域作为纵向测试区域。

条文说明

在公路隧道的不同照明段中,中间段通常可以满足测试区域纵向范围100m的要求,而入口段、过渡段和出口段一般难以满足这一要求。一组灯具是指隧道同侧相邻两盏基本照明灯具及其之间的加强照明灯具(如有)。

3.2 测试区域内布点方法

3.2.1 在测试区域纵向,应按间距不大于3m的原则等间距布置测点。

3.2.2 在测试区域横向,每条车道内应至少布置3个测点,中间的测点应位于车道的中心线上,两侧的测点应分别位于距车道两侧边界线1/6车道宽处。

3.3 隧道路面平均亮度和亮度总均匀度测试

3.3.1 亮度计的观测点应在被测试道路内,纵向位置距测试区域第一排测量点60m,横向位置距观测方向右侧路缘1/4路面宽度,高度距路面1.5m。

3.3.2 开始测试,读取各测点路面亮度测试值并记录。

3.4 隧道路面亮度纵向均匀度测试

3.4.1 亮度计的观测点应在被测试道路内,纵向位置距测试区域第一排测量点60m,横向位置应位于每条被测试车道的中心线上,高度距路面1.5m。

3.4.2 开始测试,读取每条车道中心线上各测点路面亮度测试值并记录。

3.5 隧道路面中线亮度纵向均匀度测试

3.5.1 亮度计的观测点应在被测试道路内,纵向位置距测试区域第一排测量点60m,横向位置应位于路面的中心线上,高度距路面1.5m。

3.5.2 开始测试,读取隧道路面中线上各测点路面亮度测试值并记录。

4 测试要求

4.0.1 测试区域宜选择在灯具的间距、高度、仰角和光源的一致性等方面能代表被测照明路段的典型区域。

4.0.2 隧道入口段和出口段路面亮度应在夜间测试。

条文说明

隧道入口段和出口段距隧道洞口较近,自然光会对测试结果产生干扰。

4.0.3 隧道路面亮度测试区域在测试期间应保持清洁和干燥。

条文说明

路面亮度与路面照度、道路表面光反射特性相关。当路面有积水或杂物时,会影响路面的反射特性,进而影响路面亮度测试结果。

4.0.4 现场进行测试时,应确保灯具发光处于稳定状态。

4.0.5 观测方向应与隧道内车辆行驶方向保持一致。

4.0.6 双向通行的隧道,当灯具采用单侧布设方式时,应对两个观测方向分别测试。

条文说明

双向通行的隧道,当灯具采用单侧布设方式时,两个观测方向的路面亮度是不同的,需对两个方向分别测试。

5 计算

5.0.1 路面平均亮度测试结果应按式(T 8602-1)计算:

$$L_{av} = \frac{\sum L_i}{n} \tag{T 8602-1}$$

式中:L_{av}——路面平均亮度(cd/m^2);
　　L_i——各测点路面亮度(cd/m^2);
　　n——测点总数。

5.0.2 路面亮度总均匀度测试结果应按式(T 8602-2)计算:

$$U_0 = \frac{L_{\min}}{L_{av}} \tag{T 8602-2}$$

式中：U_0——路面亮度总均匀度；

$L_{\min}$——所有测点路面亮度的最小值（cd/m^2）；

L_{av}——路面平均亮度（cd/m^2）。

5.0.3 隧道路面亮度纵向均匀度测试结果应为各车道路面亮度纵向均匀度中的最小值，各车道路面亮度纵向均匀度应按式（T 8602-3）计算：

$$U_1 = \frac{L'_{\min}}{L'_{\max}} \tag{T 8602-3}$$

式中：U_1——车道路面亮度纵向均匀度；

$L'_{\min}$——车道中心线上测点路面亮度的最小值（cd/m^2）；

$L'_{\max}$——车道中心线上测点路面亮度的最大值（cd/m^2）。

条文说明

被测区域的每条车道对应一个路面亮度纵向均匀度。

5.0.4 路面中线亮度纵向均匀度测试结果应按式（T 8602-4）计算：

$$U_{lm} = \frac{L'_{m\,\min}}{L'_{m\,\max}} \tag{T 8602-4}$$

式中：U_{lm}——路面中线亮度纵向均匀度；

$L'_{m\,\min}$——路面中线上测点路面亮度的最小值（cd/m^2）；

$L'_{m\,\max}$——路面中线上测点路面亮度的最大值（cd/m^2）。

6 测试结果

6.0.1 隧道路面平均亮度测试结果的单位为 cd/m^2。测试结果≥100cd/m^2时，测试结果数值修约间隔为0.1；测试结果<100cd/m^2时，测试结果数值修约间隔为0.01。

6.0.2 隧道路面亮度总均匀度、纵向均匀度测试结果数值修约间隔为0.01。

T 8603—2021 路墙亮度比测试

1 适用范围

1.0.1 本方法适用于隧道侧壁墙面平均亮度与对应区域路面平均亮度之比的测试。

2 仪器设备

2.0.1 亮度计:成(影)像式亮度计,或垂直视场角小于或等于2′的带望远镜头的亮度计;计量性能应满足现行《亮度计检定规程》(JJG 211)规定的一级要求。

2.0.2 卷尺(钢或纤维):测量范围0~50m;钢卷尺计量性能应满足现行《钢卷尺检定规程》(JJG 4)规定的Ⅱ级要求;纤维卷尺计量性能应满足现行《纤维卷尺、测绳检定规程》(JJG 5)规定的2级要求。

3 测试方法

3.0.1 应按隧道路面亮度测试方法,测试隧道路面平均亮度值并记录。

3.0.2 隧道侧壁墙面平均亮度测试区域应包括隧道两侧2m以下墙面,纵向范围应与对应的隧道路面平均亮度测试区域一致。

3.0.3 隧道两侧墙面各测试区域内应均匀选取不少于30个测点。

3.0.4 亮度计的观测点应在被测试道路内,纵向位置距第一排测量点为60m,横向位置距观测方向右侧路缘1/4路面宽度,高度距路面1.5m。

3.0.5 开始测试,读取隧道两侧墙面测试区域内各测点亮度值并记录。

4 测试要求

4.0.1 测试区域宜选择在灯具的间距、高度、仰角、光源的一致性等方面能代表被测照明路段的典型区域。

4.0.2 隧道入口段和出口段路面、墙面平均亮度应在夜间测试。

条文说明

隧道入口段和出口段距离隧道洞口较近,自然光会对测试结果产生干扰。

4.0.3 隧道路面、墙面平均亮度测试区域在测试期间应保持清洁和干燥。

4.0.4 现场进行测试时,应确保灯具发光处于稳定状态。

4.0.5 观测方向应与隧道内车辆行驶方向保持一致。

4.0.6 双向通行的隧道,当灯具采用单侧布设方式时,应对两个观测方向分别测试。

条文说明

双向通行的隧道,当灯具采用单侧布设方式时,两个观测方向的路面、墙面亮度测试结果是不同的,需对两个方向分别测试。

5 计算

5.0.1 隧道侧壁墙面平均亮度应按式(T 8603-1)和式(T 8603-2)计算:

$$L_{avl} = \frac{\sum L_i}{n} \quad (\text{T 8603-1})$$

式中:L_{avl}——观测方向左侧隧道墙面平均亮度(cd/m^2);
L_i——观测方向左侧隧道墙面各测点亮度(cd/m^2);
n——左侧墙面区域测点总数。

$$L_{avr} = \frac{\sum L_i'}{n} \quad (\text{T 8603-2})$$

式中:L_{avr}——观测方向右侧隧道墙面平均亮度(cd/m^2);
L_i'——观测方向右侧隧道墙面各测点亮度(cd/m^2);
n——右侧墙面区域测点总数。

5.0.2 隧道路墙亮度比测试结果应按式(T 8603-3)计算:

$$R = \min\left(\frac{L_{avl}}{L_{av}}, \frac{L_{avr}}{L_{av}}\right) \times 100\% \quad (\text{T 8603-3})$$

式中:R——隧道路墙亮度比;
L_{av}——隧道路面平均亮度(cd/m^2);
L_{avl}——观测方向左侧隧道墙面平均亮度(cd/m^2);
L_{avr}——观测方向右侧隧道墙面平均亮度(cd/m^2)。

6 测试结果

6.0.1 测试结果为路墙亮度比计算结果,用百分数表示,测试结果数值修约间隔为0.1。

T 8604—2021 火灾报警系统自动报警响应时间测试

1 适用范围

1.0.1 本方法适用于采用模拟火灾对公路隧道自动火灾报警系统自动报警响应时间进行测试。

条文说明

本方法参考《公路隧道火灾报警系统技术条件》(JT/T 610—2004)制定。本方法中，火灾报警系统自动报警响应时间是指以火灾发生时为起点，至中心控制室火灾报警控制器发出声光报警为止的时间。

2 仪器设备

2.0.1 火盆及支架：火盆面积$(0.632 \times 0.632)\ m^2$，高度不应小于150mm，容器应无泄漏；支架顶部支撑面积应不小于火盆底面面积，高度为90cm，应由不易燃烧材料制成。

2.0.2 汽车燃油：3L。

2.0.3 秒表：分辨力应优于0.1s；计量性能应符合现行《秒表检定规程》(JJG 237)的规定。

3 测试方法

3.0.1 测试人员应分别位于现场点火处和中心控制室火灾报警控制器处，两处测试人员应能够实时通信。

3.0.2 火盆应稳固放置于被测试区域的道路中心位置。

3.0.3 开始测试，应将规定的燃油、引燃物置于火盆内，实施点火，在点火的同时启动秒表计时。

3.0.4 中心控制室火灾报警控制器开始发出声光报警时，应停止秒表计时，记录响应时间和模拟点火位置。

4 测试要求

4.0.1 测试过程中，隧道内应禁止车辆通行，无关人员不得在测试区域内行走、停留。

4.0.2 距火盆50m范围内严禁有易燃、易爆或其他危险物品,不得有车辆停放。

4.0.3 点火现场必须备足相应的灭火器材,并指定专人负责点火安全,应预先拟订针对点火意外事故的现场处置方案。

4.0.4 一次点火后,应待火盆冷却后,再倒入燃油进行下次测试。

5 测试结果

5.0.1 测试结果为响应时间,单位为s,测试结果数值修约间隔为0.1。

本规程用词用语说明

1 本规程执行严格程度的用词,采用下列写法:

1)表示很严格,非这样做不可的用词,正面词采用"必须",反面词采用"严禁";

2)表示严格,在正常情况下均应这样做的用词,正面词采用"应",反面词采用"不应"或"不得";

3)表示允许稍有选择,在条件许可时首先应这样做的用词,正面词采用"宜",反面词采用"不宜";

4)表示有选择,在一定条件下可以这样做的用词,采用"可"。

2 引用标准的用语采用下列写法:

1)在标准总则中表述与相关标准的关系时,采用"除应符合本规程的规定外,尚应符合国家和行业现行有关标准的规定"。

2)在标准条文及其他规定中,当引用的标准为国家标准和行业标准时,表述为"应符合《××××××》(×××)的有关规定"。

3)当引用本标准中的其他规定时,表述为"应符合本规程第×章的有关规定"、"应符合本规程第×.×节的有关规定"、"应符合本规程第×.×.×条的有关规定"或"应按本规程第×.×.×条的有关规定执行"。